गगन गिल

प्रतिनिधि कविताएँ

सम्पादक

सुदीप्ति

राजकमल पेपरबैक्स

राजकमल पेपरबैक्स में
पहला संस्करण : 2023

राजकमल पेपरबैक्स : उत्कृष्ट साहित्य के जनसुलभ संस्करण

राजकमल प्रकाशन प्रा.लि.
1-बी, नेताजी सुभाष मार्ग, दरियागंज
नई दिल्ली-110 002
द्वारा प्रकाशित

शाखाएँ : अशोक राजपथ, साइंस कॉलेज के सामने, पटना-800 006
पहली मंज़िल, दरबारी बिल्डिंग, महात्मा गांधी मार्ग, प्रयागराज-211 001
वेबसाइट : www.rajkamalprakashan.com
ई-मेल : info@rajkamalprakashan.com

यश प्रिंटोग्राफ़िक्स
नोएडा-201 301 (उत्तर प्रदेश)
द्वारा मुद्रित

मूल्य : ₹150

PRATINIDHI KAVITAYEIN
Representative Poems of Gagan Gill

ISBN : 978-81-19028-62-7

गगन गिल

सन् 1983 में 'एक दिन लौटेगी लड़की' कविता-शृंखला के प्रकाशित होते ही गगन गिल (**जन्म :** 1959, नई दिल्ली; **शिक्षा :** एम.ए. अंग्रेजी साहित्य) की कविताओं ने तत्कालीन सुधीजनों का ध्यान आकर्षित किया था। तब से अब तक उनकी रचनाशीलता देश-विदेश के हिन्दी साहित्य के अध्येताओं, पाठकों और आलोचकों के विमर्श का हिस्सा रही है।

लगभग 35 वर्ष लम्बी इस रचना-यात्रा की नौ कृतियाँ हैं—पाँच कविता-संग्रह : 'एक दिन लौटेगी लड़की' (1989), 'अँधेरे में बुद्ध' (1996), 'यह आकांक्षा समय नहीं' (1998), 'थपक थपक दिल थपक थपक' (2003), 'मैं जब तक आयी बाहर' (2018); एवं चार गद्य पुस्तकें : 'दिल्ली में उनींदे' (2000), 'अवाक्' (2008), 'देह की मुँडेर पर' (2018), 'इत्यादि' (2018)। 'अवाक्' की गणना बीबीसी सर्वेक्षण के श्रेष्ठ हिन्दी यात्रा-वृत्तान्तों में की गई है।

सन् 1989-93 में 'टाइम्स ऑफ़ इंडिया समूह' व 'संडे ऑब्ज़र्वर' में एक दशक से कुछ अधिक समय तक साहित्य-सम्पादन करने के बाद सन् 1992-93 में हार्वर्ड यूनिवर्सिटी, अमेरिका में पत्रकारिता की नीमेन फैलो। देश-वापसी पर पूर्णकालिक लेखन।

सन् 1990 में अमेरिका के सुप्रसिद्ध आयोवा इंटरनेशनल राइटिंग प्रोग्राम में भारत से आमंत्रित लेखक। सन् 2000 में गोएटे इंस्टीट्यूट, जर्मनी व सन् 2005 में पोएट्री ट्रांसलेशन सेंटर, लन्दन यूनिवर्सिटी के निमंत्रण पर जर्मनी व इंग्लैंड के कई शहरों में कविता पाठ। भारतीय प्रतिनिधि लेखक मंडल के सदस्य के नाते चीन, फ्रांस, इंग्लैंड, मॉरिशस, जर्मनी आदि देशों की एकाधिक यात्राओं के अलावा मेक्सिको, ऑस्ट्रिया, इटली, तुर्की, बुल्गारिया, तिब्बत, कम्बोडिया, लाओस, इंडोनेशिया की यात्राएँ।

'भारतभूषण अग्रवाल पुरस्कार' (1984), 'संस्कृति सम्मान' (1989), 'केदार सम्मान' (2000), 'हिन्दी अकादमी साहित्यकार सम्मान' (2008), 'द्विजदेव सम्मान' (2010), 'अमर उजाला शब्द सम्मान' (2018) से सम्मानित।

ई-मेल : gagangill791@hotmail.com

भूमिका

गगन गिल का काव्य-संसार जीवन के स्वप्न और उसके यथार्थ के बीच मौजूद व्यक्ति की समूची उपस्थिति का निर्वचन है। इस संसार में उनकी स्वयं की उपस्थिति ऐसी सघन है कि पाठक उसमें प्रवेश से पहले उनके एकान्त में ख़लल डालने, उस गम्भीर एकान्त को तोड़ने के संकोच से भरा होता है। लेकिन एक बार जब वह अपने को उनकी गहन भावाभिव्यक्ति के हाथों में सौंप देता है तो फिर वह काव्य-संसार उसका भी उतना ही अपना हो जाता है। मूर्त उदाहरण से कहना हो तो गगन गिल की कविता में प्रविष्ट होना ऐसा है मानो किसी अपरिचित और सम्मानित के घर में आप उससे बिना पूछे चले जाएँ और वे अचानक सहजता से आपके सामने आ जाएँ। और, सामने आकर कवि की उपस्थिति क्या करती है? कभी तो वह चुपके से एक उचटती दृष्टि आप पर डाल चली जाती है, कभी आपको अपने-जैसा पा अँकवारी में भींच लेती है और कभी हाथ थाम कोई अछूता कोना दिखाने लगती है। आप उसे देख ठगे-से रहते हैं—निस्तब्ध! मानो वह आपके भीतर का कोई दर्पण हो। उसके सामने आपको अपना दुःख दिखाने में संकोच नहीं, पर वहाँ तक जहाँ तक उसका अपना एकान्त भंग हो जाने का भय नहीं। उसने जितनी इजाज़त दी है आप उतना ही ले सकते हैं।

यही चीज़ गगन गिल को अलग बनाती है। भंगुर नहीं पर हाथ बढ़ाकर छूने से परे। यह मात्र कवि-व्यक्तित्व की बात नहीं कविताओं की भी उतनी ही है। आत्मस्थ। अपने में डूबी हुईं। साथ ही पाठक को

भी डुबा लेने वाली। याद कीजिए या फिर कल्पना ही कीजिए कि चैत की एक ऊँघती-उचटती ढलती दुपहर में आप अपने गाँव के बगीचे में किसी पुराने गहरे तालाब के किनारे बैठे हों। वातावरण की नीरवता से उस तालाब का पानी इतना निथरा हुआ होता है कि उसमें नीम की पत्तियाँ तक अपनी सभी बारीकियों के साथ साफ़-साफ़ झाँकती दिखाई पड़ती हैं। उस स्थिर पानी में आसमान का रंग नीचे की पीली मिट्टी के रंग में घुलकर एक सम्मोहन पैदा करता है। आप उसके जादुई मोह में पड़े उस झिलमिल को देखते हुए किनारे बैठे भी डूब ही जाते हैं। आपका एक मन कहता है उस सुन्दरता में उतर पड़ने का, दूसरा कहता है उसे निहारना ही ज़्यादा बेहतर!

कवि ने अपने डूबने को कई कविताओं में निर्द्वंद्व भाव से स्वीकारा है : "वह बिना किसी पूर्व-योजना के आ निकलता है तुम्हारे घर की तरफ़, और जानना चाहता है, तुम उसके साथ डूबने चल रहे हो या नहीं। प्रेम तुम्हें भली-भाँति मरने की पूरी मोहलत देता है।" यह डूबना हर ओर है, चाहे प्रेम में हो, जीवन में, चाहे शोक में—"तू मेरे भीतर है/शोक की जगह पर", "शोक मत कर/पिता ने कहा/अब शोक ही तेरा पिता है।" यहाँ करुणा है पर उससे अधिक उसमें गहरे पैठ जाना है। निशब्द! मौन! शब्द की आन्तरिक गति और उदास संगीत के साथ। यह उदास करने वाला नहीं जकड़ लेने वाला है। आकर्षक! निरभ्र!

Lou Andreas-Salome ने कहीं लिखा है, "यदि तुम्हारे पास देने के लिए आनन्द नहीं है तो तुम मुझे अपनी वेदना दे दो।" कोई वेदना दे तो दे पर लेने की पात्रता क्या आपके पास है? गगन जी की कविताओं में गहरी वेदना है। उसे लेने की पात्रता किनमें है? क्योंकि यह वेदना अलग है। यह जीवन के गहरे राग से उत्पन्न हुई है, आनन्द की शून्यता के कारण नहीं उसकी पूर्णता के बाद की उदासी से उपजी है। इसीलिए यह वेदना है—थिर। प्रशांत। निर्मल। मुझे उनकी काव्य-यात्रा का सत्त्व इसी वेदना और इससे उत्पन्न करुणा में सबका सिमट जाना लगता है। पिता, माँ, बच्ची, जिसकी आकांक्षा तक न पनपने दी गई वह पुत्र और प्रिय—सभी मूर्त आत्मीय सम्बन्धों में छूट जाने

का बोध और जीवन-पथ जिसमें "धार की तरह है यह अनुपस्थिति/अदीख व छाया-रहित/जिस पर वह चलती है।" इस अनुपस्थिति के बोध में संन्यस्त भाव नहीं है। गहरे राग के साथ उस वेदना से मुक्ति की आकांक्षा है। वहीं मिलते हैं फिर अँधेरे में बुद्ध : "घूम रहे हैं कुछ बुद्ध/उद्विग्न इस पृथ्वी पर।" इस घूमने और ढूँढ़ने के क्रम में फिर कवि को शिकायत नहीं "मैं क्यों कहूँगी तुम से/अब और नहीं/सहा जाता मेरे ईश्वर"—लेकिन रामविलास शर्मा ने निराला के सन्दर्भ में जो बात कही उससे जोड़कर देखें तो, अगर शिकायत नहीं होती तो फिर ज़िक्र ही क्यों करना था? शिकायत नहीं भी हो तब भी कुछ तो है। और उसका होना कविता के भीतर का स्पंदन है। उसका नहीं होना फिर सिर्फ़ दर्शन का होना होता। गगन गिल तो उस दर्शन को भी पुकार के रास्ते खोलती हैं—"आप खोलते हैं अपने लंगर/और कोई नहीं रोकता/आपकी राह/कोई नहीं पुकारता/किनारे से/कोई यह तक नहीं देखता/कि आप उठ गए हैं/सभा से।" देह के सादापन और आत्मा के भीतर बसे शोक से लंगर खोलने तक की यह आकांक्षा-भरी यात्रा, अपनी वेदना कवि आपको सौंपती हैं, लेकिन सवाल वही है कि कविता की दुनिया के नागरिक की मनुष्य होने की पात्रता क्या है? क्या यह कि "किसी दूसरे का प्रेम भूल से कुछ देर के लिए हमारे जीवन में आ जाता है" उसे हम सँभाल सकते हैं या नहीं!

गगन गिल की अधिकांश कविताएँ गहरे भावों की हैं मगर शब्दों के साथ उनका रिश्ता भावात्मक से ज़्यादा बौद्धिक है। हर एक कविता में शब्द एकदम कसे हुए। सुगठित। विलंबित काव्य भाषा है—आन्तरिक लय से भरी सहज गद्य की भाषा, जिसमें किसी एक शब्द को भी अतिरिक्त रूप से रहने की इजाज़त नहीं, कोई पंक्ति भी अनावश्यक नहीं। इसीलिए कई पंक्तियाँ सूक्ति वाक्य की तरह प्रतीत होती हैं—"पत्थर की तरह/डूबती थी/वह/तैरती थी/लकड़ी की तरह।" "होना भिक्षु/जैसे होना निर्वासित/ ईश्वर के राज्य में।" "अभी तक तुम दिखते हो/पीड़ा में नहीं/अपने सहने में।" "देवता हो चाहे मनुष्य/देह मत रखना किसी के चरणों में।"

हम कई बार मान बैठते हैं कि कविता तो भावों की अभिव्यक्ति है वह जैसी लिख गई, लिख गई। और तो और, कई लोग तो यह शेखी भी बघारते हैं कि वे अपनी कविता पर दुबारा काम नहीं करते, संपादन तो दूर उस पर ठीक से नज़र भी नहीं डालते लेकिन गगन गिल की कविताएँ ऐसी नहीं हैं। वे बतौर कला/क्राफ़्ट कविता की परिपूर्णता का बेहतरीन उदाहरण हैं। उनकी कविताओं की बनावट, कसाव और कवि का संयम इस बात को ज़ाहिर करते हैं कि उन पर एक तीक्ष्ण बौद्धिक संयम से काम किया गया है।

ऐतिहासिक क्रम से उनकी रचनाशीलता से गुज़रने का एक लाभ यह होता है कि बतौर कवि उनका एक स्पष्ट विकास-क्रम भी दिखता है। 'एक दिन लौटेगी लड़की' की 'लड़की' अपनी आकांक्षाओं, वेदना, विषाद, राग-विराग, मोह-विमोह और बुद्धत्व के जीवन-पथ पर चलते-चलते 'मैं जब तक बाहर आई' की पूर्ण स्त्री बन जाती है। यह नदी का सागर में मिलना नहीं नदी का स्वयं सागर बन जाना है। गगन गिल अपनी दृष्टि को स्त्रीवादी नहीं मानती हैं। और जैसा कि वे अपने वक्तव्यों में कहती हैं—'मैंने स्त्रियों को विशेष ध्यान में रखकर या स्वयं की स्त्री को ध्यान में रखकर कविताएँ नहीं लिखीं।' लेकिन स्त्रीवादी या स्त्री के नज़रिये से नहीं देखने के आग्रह के बाद भी कविताएँ मुखरता से घोषित करती हैं कि उन्हें एक सचेतन स्त्री ने लिखा है। उस स्त्री की छाप से अछूती नहीं रह सकती हैं कविताएँ। स्त्री की आवाज़ कैसे नहीं होंगी फिर ये कविताएँ?

पहले संग्रह 'एक दिन लौटेगी लड़की' के तीन उपखंडों 'लड़की बैठी है हँसी के बारूद पर', 'दोस्त : पाँच कविताएँ', 'देह की मुँडेर पर' में कहने वाली और जिसके विषय में कहा जा रहा है वह एक लड़की है—सदेह। सप्राण। साबुत। साकार। यह लड़की 'अ-स्त्री' नहीं है। यह एक आवेगपूर्ण स्त्री है। लड़की होने के अल्हड़पन से भरी; स्त्री होने के हर सुख-दुख से परिपूर्ण; जीवन की आकांक्षी लड़की। इन उपखंडों की सारी कविताएँ उस लड़की के होने-भर को बताती-जताती हैं, जो "प्रेम तो नहीं है यह लड़की/देखती हो हर किसी को/एक ही

निगाह से/आँखों में आँखें डाल"; जिसकी "एक इच्छा चूड़ियों में चलती है" और वह इच्छा भी कैसी कि "पहले वह टूटें उसके बिस्तर पर/फिर टूटें उसकी चौखट पर" आप हैरान हो जाएँगे कि अमूमन औरतें चूड़ियों और आलते के साथ श्मशान जाने की मन्नतें माँगती हैं और यह लड़की जानती है—"औरत जो विधवा/है नहीं लेकिन/हो जाएगी जो"—इस पंक्ति को पढ़ते-पढ़ते आप उस शोकमयी लड़की के भीतर झाँक पाते हैं और मानो कुएँ की एक मुँडेर है उसका मन। देर तक आप उसके सम्मोहन में उसमें झाँकते रहते हैं। विस्मित! "लेकिन लड़की तो लड़की है/उसमें वही आदिम भोलापन/पागलपन, मरनपन भरा है/जिसकी सज़ा/किसी आनेवाले कल/वह उस आदमी को देगी/ जब तोड़ेगी अपनी चूड़ियाँ" यह लड़की कितनी अलग है पहले आ चुकी लड़कियों से। आदिम! सच्ची! अनढकी! इस लड़की में मुझे सबसे प्यारी बात यह लगती है कि इसके दोस्त बहुत हैं या कहूँ कि जो इसके दोस्त हैं वह सच्चे दोस्त हैं।

गगन गिल ने दोस्तों पर या दोस्ती के भाव पर जितनी कविताएँ लिखी हैं अमूमन स्त्री कौन कहे पुरुष कवियों के यहाँ भी वह नहीं मिलता है। प्रेम से इतर दोस्ती, प्रेमी से इतर दोस्त। ज़्यादातर स्त्रियों का जीवन ऐसी दोस्ती से कम ही समृद्ध हो पाता है इसलिए उनके अनुभव संसार में जेंडर न्यूट्रल दोस्ती कम दिखती है। अगर अनुभव-संसार में हो तब भी लोग रचना-संसार में उसको डालने में संकोच करते हैं या फिर अक्षम होते हैं। लेकिन गगन जी ने कई कविताओं में दोस्ती के मूल भाव को बख़ूबी पकड़ा है। हालाँकि उन्होंने सच ही लिखा है—"दोस्त जब पूछेगा लड़की/कोई ख़ाली कोना है भी तुम्हारे पास/मुझे देने के लिए,/क्या जवाब दोगी?" प्रेम में सब कुछ दे देने वाली लड़की के पास दोस्त को देने के लिए अलग से क्या बचता है? प्रेम तो नहीं है यह लेकिन प्रेम से इतर, प्रेम से परे जो कुछ है...ऐसे ही लड़की एक बार 'दोस्त के इन्तज़ार में भूलकर अब तक की मनौतियाँ' मनाती है "कि दोस्त न आए/कुछ हो जाए/और दोस्त न आए/कि जितनी भी बची है स्मृति उसके सुख की/बच जाए,/कि उससे दूर जाकर वह कहीं भी

छिप जाए"—दोस्ती की सुखद स्मृतियाँ बची रह जाएँ। इतना कोमल भाव। इतना अछूता। फिर एक जो ख़ालीपन है दोस्तविहीन शहर और शामों का "शहर में उसके/दोस्त नहीं,/उनके न होने का दुख बसता है/"... "लेकिन कोई दोस्त होता जो उसके शहर/तो कोई दिन भला/मुश्किल क्यों होता?" इन कविताओं को पढ़कर यह हसरत जगती है कि किसी भी लड़की के पास ऐसे दोस्त होने चाहिए जिनसे "किसी-किसी शाम खुलते/सुख-दुख के रहस्य की बात" की जा सके। गगन गिल स्वयं 'अँधेरे में बुद्ध' संग्रह में सिमोन वेल को उद्धृत करते हुए लिखती हैं—"कभी स्वयं को दोस्ती का स्वप्न देखने की इजाज़त मत देना। दोस्ती एक चमत्कार है..." लेकिन इस चमत्कार की उपस्थिति उनकी कविता में ख़ूब है।

मृत्यु और प्रियजनों की अनुपस्थिति, उस अनुपस्थिति से उपजा अकेलापन, अकेलेपन के विषादजन्य अवसाद को हावी न होने देने के लिए लौकिकता से परे एक संधान—इसकी यात्रा कविता करती है। मृत्यु की उपस्थिति या बोध गगन गिल की किसी एक कविता में या मात्र किसी एक संग्रह की कुछ कविताओं में नहीं बल्कि आरम्भिक संग्रह से लेकर हालिया संग्रह तक बार-बार है। पहले संग्रह की पहली कविता है—'लड़की अभी उदास नहीं है' उसमें लिखती हैं—"सिर्फ़ वह अनजान है सपने की गुड़-गुड़ से/उस मृत्यु से भी बेख़बर/जो इसके बाद पाँव पसारेगी"—वहीं से मृत्यु की गंध शुरू हो जाती है। दादी, जो बेटे के मातम में है; दादी को देखती लड़की जो पूछती है—"दादी जब मर जाएगी कहाँ जाएगी?" लेकिन इसके बावजूद 'अँधेरे में बुद्ध' का आन्तरिक स्वर मृत्यु है। 'कुछ इस तरह मृत्यु', 'कंजिका : कुछ विलाप', 'छाया बहनें'—यह सभी उपखंड अपनी उपस्थिति में सघन मृत्युबोध लेकर आते हैं। हालाँकि तब भी मैं कहूँगी, मृत्यु-बोध कविता को शोकगीत नहीं बनाता है। उनके यहाँ वह जीवन की यात्रा में शामिल निस्सरता, निर्मोह का बोध है।

उनकी एक गद्य कविता है 'नि:संतान'। उसकी आख़िरी पंक्तियाँ हैं—"बहुत दिन हुए ईश्वर ने चुरा लिए थे उनके बच्चे। अब वे सिर्फ़ उन्हें

ढूँढ़ती फिर सकती हैं।" ऐसी दारुण कोमल कविता और उन औरतों के मन का सटीक चित्रण जिनके बच्चे या तो कम उम्र में नहीं रहे या गर्भ में ही नष्ट हो गए—मुझे नहीं लगता मैंने कहीं और पढ़ा है। 'ईश्वर ने चुरा लिए'—आह! कैसा आक्षेप! कैसी विडम्बना! ऐसी अपार वेदना। मृत्यु का एक ऐसा रूप जहाँ करुणा भी अवसादग्रस्त हो जाए। संतान की मृत्यु का दंश झेलती माँ को ढाढ़स बँधाते वे कहती हैं—"वे सब वसु थे, माँ/मरने आए थे/तुम्हारी गोद में/मुक्ति पाने/जल्द-से-जल्द" फिर यह भी "मालूम नहीं/शिशु वह/तुम्हें चाहिए था कि नहीं/माँ!"

एक तरफ़ ऐसी आत्मिक निजी अभिव्यक्ति और वहीं एक ऐसा दौर है—"एक के बाद एक/चौबीस लोग/खड़े होते हैं एक क़तार में/एक के बाद एक/चौबीस लोग/गिरते हैं उस क़तार में।" मृत्यु की कविता वहाँ प्रतिरोध की आवाज़ बन उठती है जब वे 'पंजाब की एक बस में' 'कहाँ लगी थी गोली?' की बात कहती हैं। कवि अगर कोमल का सर्जक है तो अपने समय और समाज से विलग तो नहीं। दहशतगर्दी के दौर और सत्ता से दी जा रही यंत्रणा दोनों पर उसकी पैनी नज़र होती है। गगन गिल की विशिष्टता इसी में है कि आत्मस्थ कविताओं में भी समाज की विसंगतियाँ और विडम्बनाएँ अपनी मुखरता में उपस्थित हैं। 'मैं जब तक आई बाहर' की एक कविता है—'एक गऊ मेरे भीतर है' "एक गऊ मेरे भीतर है/जिसे कटने का डर है/इस गऊ से अलग/जिसे खिलाया जा रहा है चारा/खींची जा रही है/जिसके साथ फ़ोटो...अब हम दोनों को/कटने का डर है/बचने का डर है/" जब कभी आप मान लेते हैं कि गगन गिल संन्यस्त भाव से, निरपेक्ष होकर जीवन को देख रही हैं और वे प्रार्थना के दर्शन में डूब गई हैं तभी एक ठोस राजनीतिक और सामाजिक कविता के साथ अपनी उपस्थिति दर्ज करती हैं।

गगन गिल के यहाँ बुद्ध की केन्द्रिक उपस्थिति है। पर यह जो अँधेरे में टटोलते हुए बुद्ध मिले वह हैं क्या आख़िर? उनके यहाँ वह उसी अर्थ में नहीं जिस अर्थ में हम जानते हैं। संसार को पा लेने की अपनी चाहनाओं और सांसारिकता से परे अमरत्व की आकांक्षाओं को कहीं विसर्जित किए मन की एक छवि है इस बुद्ध में। जगत में

होते हुए जगत से ऊपर कुछ। ऐसा नहीं कि संसार का महत्त्व गगन गिल कम करके आँकती हैं—"तुम नहीं होगे/तो हम नहीं होंगे/हम नहीं होंगे/तो दुनिया नहीं होगी/दुनिया नहीं होगी/तो भिक्षु छोड़ेंगे क्या?" यह दुनिया ऐसी है जिसमें "बुद्ध भी थक गए हैं/बुद्ध होते-होते" लेकिन कुछ दुख हैं जिन्हें पीछे छोड़ देने की आकांक्षा में होना है भिक्षु होना। इस बुद्ध के लिए भी कवि के प्रश्न बीच-बीच में अकुलाकर उमड़ पड़ते हैं—"दिव्य यदि/वह है तो/मैला हो/सकता है क्या/छूने/भर से?" इसे पढ़ते हुए अचानक कपिलवस्तु के खँडहर की याद आ जाती है—"स्त्री के वक्ष पर रखा तुम्हारा हाथ, ठिठक गया था जो उस दिन, वह अब भी यहाँ है।

ठहरा था एक ईश्वर जो उस रात—तुम्हारी स्त्रियों के मुख पर, तुम्हारी अ-पुरुष हुई देह में अचानक—वह अब भी यहाँ है।"

इस अ-पुरुष और अ-स्त्री की बात उनकी कई कविताओं में है। मसलन जब वे लिखती हैं—"दिन के दुख अलग थे/रात के अलग/दिन में उन्हें/छिपाना पड़ता था/रात में उनसे छिपना" तो यह सिर्फ़ स्त्रियों के और उसमें भी स्त्रियों की देह के दुख नहीं हैं। यहाँ रात भी वही रात नहीं है जो दिन और रात के सन्दर्भ में है। एक दुख जो हम बाँट सकते हैं और एक दुख जो हमें सबसे छुपाकर अपने सीने पर रखना पड़ता है वह "दुख जो सोचते थे/दिन में/वे रात में नहीं/जो रात को रुलाते/वह दिन में नहीं।" वह दुख स्त्री और पुरुष में भेद नहीं करता है। "धीरे-धीरे दृश्य से ओझल होता आदमी" भी सिर्फ़ आदमी या कोई औरत नहीं है, वह आज का मनुष्य है। देह से ऊपर होकर संवेदना का यह धरातल गगन गिल के यहाँ सहज उपलब्ध है।

उन्होंने व्यक्तियों पर भी बहुत सारी कविताएँ लिखी हैं। कुछ लोग जो नज़दीकी पारिवारिक दायरे से आते हैं, जैसे पिता, माँ, दादी। फिर आसपास के लोग भी, जैसे-एक अनजान पड़ोसन, जिसने अचानक एक दोपहर आत्महत्या कर ली थी। साथ ही वे लोग जो एक बौद्धिक दायरे से जुड़े हुए थे। दूर देशों के मित्र, भाव और अनुभव जगत को विस्तृत करने वाले अन्य सर्जक—इनके लिए भी उन्होंने ख़ूब लिखा। एनरिके,

झांग यीगाँग, लक्ष्मण गायकवाड़, आर्लीन, तेज़ी और फ्रीडा काहलों के लिए लिखी उनकी कविताएँ ख़ास उल्लेखनीय हैं। प्रतिनिधि संग्रह होने के चलते सबको यहाँ शामिल करना तो सम्भव नहीं हुआ लेकिन उनके ज़िक्र का लोभ मैं छोड़ नहीं पाई।

गगन गिल के दो संग्रहों—'अँधेरे में बुद्ध' और 'यह आकांक्षा समय नहीं' में कई गद्य कविताएँ हैं। ऐसा गद्य जो अपने मूल स्वभाव में कविता की तरलता, प्रवाह और आकांक्षा लिये हुए है। आज के समय में जब हम मुक्तछंद और छंदमुक्त कविताएँ ही लिखते-पढ़ते हैं, उसमें गद्य कविता को अलग से रेखांकित करने की क्या बात हुई? अपने मूल स्वभाव में अन्य कविताएँ भी गद्यात्मक ही हैं तो एक अलग श्रेणी गद्य-कविता की क्यों भला? इसका ठीक-ठीक जवाब तो गगन गिल ही दे सकती हैं लेकिन मुझे लगता है वे कविताएँ अपने स्वरूप में ज़रा अधिक ठोस और विचारपूर्ण हैं। उनके पूर्ण वाक्य काव्यात्मक हैं पर ठोस गद्य हैं। जैसे, 'श्राद्ध के दिनों में' शीर्षक कविता में वे लिखती हैं—"शान्ति के लिए हम भटकते थे, हमारी माँएँ भटकती थीं, लेकिन तर्पण हम पिताओं का ही करते थे।" 'कव्वे' शीर्षक में लिखा है—"कोई नहीं रुकेगा। जितनों को उड़ाओगे, सब चले जाएँगे। बैठ जाएँगे जाकर किसी दूसरे जन्म की शिला पर। फिर से करने लगेंगे तुम्हारी प्रतीक्षा।... नहीं, यह स्मृति-पर्वत नहीं हैं। जो माँगते हैं उत्तर, वह दीखते नहीं हैं।"

लड़की, दोस्त, प्रेम, इच्छा, मृत्यु, निर्वाण—इन सबके बाद एक बड़ी श्रेणी इत्यादि की भी है। प्रकृति की चेतना और चिन्ता उनके यहाँ मिलती है। शिकार हो जाने वाले पेड़ की भी, मछली की भी। "जंगल अगवानी के लिए प्रस्तुत है" लेकिन तुम? बुद्ध या बुद्धत्व के बोध में एक चिन्ता "थक गई है अग्नि/थक गया है बोध/थक गया है बैल भी/ पृथ्वी के नीचे।"

ऐसी ही एक और कोमल पंक्ति है—"उसने सोचा/आज पेड़ आकाश के गले लग कर रोए हैं/अच्छा हुआ/गुबार निकल गया/अब सहज प्रसन्न होंगे।" इस इत्यादि को देख उनके विस्तृत फलक पर सन्तोष होता है।

इस चयन में कविताएँ काल-क्रमानुसार रखी गई हैं। कोशिश की है कि हर दौर की हर भाव-बोध और शैली की कविताएँ रख सकूँ। मैं गगन गिल की आभारी हूँ कि उन्होंने मुझे इस चयन की जिम्मेदारी के लिए चुना। राजकमल प्रकाशन और श्री अशोक महेश्वरी का भी धन्यवाद, जिन्होंने मुझे स्वतंत्र रूप से अपनी ज़िम्मेदारी निभाने का अवसर दिया।

यह कविताएँ आपसे कुछ और नहीं माँगती हैं मन के सिवा, कवि के ही शब्दों में कहूँ तो—

"उसने उससे कहा
आत्मा नहीं
मुझे तुम्हारा मन चाहिए"

दीजिए, फिर...

19 फ़रवरी, 2023

—सुदीप्ति

क्रम

एक दिन लौटेगी लड़की

अँधेरे में बुद्ध

यह आकांक्षा समय नहीं

मैं जब तक आई बाहर

एक इच्छा चूड़ियों में

एक इच्छा लड़की की चूड़ियों में चलती है
पहले वह टूटें उसके बिस्तर पर
फिर टूटें उसकी चौखट पर

लेकिन चौखट पर क्यों?

क्योंकि लड़की के भीतर एक शोकमयी औरत है
औरत जो विधवा है
है नहीं लेकिन
हो जाएगी जो

लड़की का डर उसकी धमनियों से काँपता
चूड़ियों तक चलता है
काँपती है उनमें लड़की की इच्छा
काँपता है उनमें लड़की का शोक

शोक?

आदमी कहाँ है लड़की का?
आदमी जिसका मातम उसकी धमनियों में है
और इच्छा जिसकी उसकी चूड़ियों में

आदमी उसका फँसा है
किसी दूसरी देह में
किसी दूसरे सपने में,
दूसरे दुख, दूसरे आँसू में

उसका हर दुख, सपना, आँसू
लड़की की मातमी पकड़ से परे है...

लेकिन लड़की तो लड़की है
उसमें वही आदिम भोलापन
पागलपन, मरनपन भरा है
जिसकी सज़ा
किसी आनेवाले कल
वह उस आदमी को देगी

जब तोड़ेगी वह अपनी चूड़ियाँ...

1983

उदासियाँ तब कितनी अलग होतीं

अच्छा हुआ, उसने पुत्र नहीं जन्मा
अच्छा हुआ, उसने किसी कमज़ोर क्षण में
सिर्फ़ इस इच्छा को पनपने दिया
और आदमी को इसका पता नहीं चला

अच्छा हुआ, पुत्र जो उसने सोचा था
आदमी की अक्लमंदी और मूल्यों का बना हुआ
अक्स उसका भुरभुराया नहीं
वह जीता-जागता उसके सपने में आया
और छाया-सा चला गया

अच्छा हुआ, वह
पुत्र धारण करने से पहले
किसी बिस्तर तक नहीं गई
और शाम की यह लालसा
कुर्सियों में अलग बैठे-बैठे शाम में ढल गई

अब वह कम-से-कम
इस शाम को एकान्त में
दोहरा तो सकेगी,
इसकी छाया में निंदिया तो सकेगी,
ऑफ़िस से लौटते हुए
बसों में हिचकोले खाने का सम्बल
जुटा तो सकेगी,
सोई हुई आँखों में सपना
तैरा तो सकेगी

अगर कहीं सचमुच
वह माँ हुई होती,
अगर कहीं सचमुच
उसका बच्चा चौबीसों घंटे
उसके सपने में से निकलकर
उसकी शामत बना होता—
सपने लेनेवाली यह लड़की

कितनी बेचारी होती!

अकेली, उदास, हारी हुई

उसकी सारी थकावटें
उदासियाँ और हारें
तब इस थकान से कितनी अलग होतीं
जो कुर्सी पर अलग-अलग बैठने की
इस हार में
उसके साथ-साथ चलती हैं।

1984

लड़की बैठी है हँसी के बारूद पर

लड़की बैठी है हँसी के बारूद पर
उसकी हँसी में
न स्मृति है, न कारण, न हिंसा
सिर्फ़ अँधेरे का एक डर है
जो ठीक उसके पीछे खड़ा है

उसकी हँसी में चमकते हैं वे फूल जो उसने देखे नहीं
वे बच्चे, जिनकी चीख़ें उसके कान सुनते हैं अक्सर
वे सपने, जो उसके देखे-अनदेखे
पलकों से खेलते हैं धूप-छाँह

उसके भीतर हँसते हैं उसके फेफड़े गुदगुदी से
दिल फैलता है उसका भोलेपन से
पेट हँसता है उसका सबके साथ
सबको हँसता देखकर

टाँगें हिलती हैं उसकी *ही-ही-ही*
कुन्द होने लगता है उसका दिमाग़ ठहाकों से भरकर
एक दौरा पड़ता है उसके शरीर की नस-नस में
उसके रोके नहीं रुकती यह हिंसा
जो नसें उसकी कर रही हैं एक-दूसरे के विरुद्ध

पहले-पहल ठिठकती है उसकी हँसी
आँख की कोरों पर
फिर रुकती है फैली पुतलियों के पास
डूब गई हैं नींद में उसकी
हँसते-हँसते थक गई आँखें

ठहरी रह गई है हवा
उसके फेफड़ों में विस्मित

क्या हुआ लड़की? तुम्हें क्या हुआ?

साँस की नली से
उतरती हैं सीढ़ियाँ
उसकी हँसी की गूँजें,
थामकर एक-दूसरी का हाथ
डरते-डरते

गिरती है धप्प से
एक चीज़ अँधेरे खड्ड में

बहुत सारा रुदन पथराया पड़ा है
वहाँ पर

कुछ रोने थे जो लड़की ने कभी नहीं रोए
कुछ रोने थे जिन्हें न रोने की ज़िद थी उसमें
कुछ थे जो उसे हर क़ीमत पर
रुलाना चाहते थे

उसकी हँसी ने जगा दी है सबके भीतर की हिंसा

सो गई है थककर
हँसनेवाली लड़की

1985

एक दिन लौटेगी लड़की

एक दिन लौटेगी लड़की
हथेली पर जीभ लेकर
हाथ होगा उसका लहू से लथपथ
मुँह से टपका लहू कपड़ों में सूखा हुआ

फिर धीरे-धीरे मुँह उसका आदी हो जाएगा
कपड़ों के ख़ुशनुमा रंग उसके चेहरे पर लौटेंगे

सोचेगी नहीं वह भूलकर भी
अपनी हथेली के बारे, जीभ के बारे में

क्योंकि लड़की कुछ नहीं सोचेगी
और इस तरह हर दहशत से परे होगी
या कहें कि दहशत के बीचोंबीच
लड़की में कुछ नहीं काँपेगा
ऐसा कुछ भी नहीं, जिसे धड़कता हुआ कह सकें!

सिर्फ़ कभी-कभी उसमें
एक सपना धड़केगा
या सपने में लड़की

उस कभी-कभारवाले दिन लड़की निकलेगी
सपने की नाल से अलग लिथड़ी देह लेकर
उस दिन से बहुत दिनों दूर
हथेली पर जीभ खींच लाए
उस दिन से बहुत दिनों दूर

सपने में लड़की झाँकेगी
अंधे कुएँ में
भीतर होगी जिसके अन्धी और लड़की
आँखें जिसकी देखेंगी जिसे भी
अंधा कर देंगी...

लड़की सोचेगी—
जो हिस्सा अंधा होना था, हो गया
जो चुप होना था, वह हो गया
जो लाचार होना था, वह भी हो गया
फिर अब भला वह क्या करती है
अंधे कुएँ में बैठी?

वह यह सब सोचेगी लेकिन सिर्फ़ सपने में

दिखने में तो बाहर से वह ख़ुशमिजाज़ होगी
मुँह उसका ज़ुबान बिना आदी
आँखें उसकी दृश्यों से दूर
रंग उसके चेहरे में गड्डमड्ड

ज़ुबान के बारे में वह कभी नहीं सोचेगी
भूलकर भी नहीं

न ज़ुबान के बारे में
न हथेली के बारे में
न होंठों के बारे में

1983

कुछ लड़कियों के पास घर नहीं होते

कुछ लड़कियों के पास घर नहीं होते
ख़यालों में भी नहीं

भला ख़यालों में भी क्यों नहीं?

ख़यालों में उनके बसते हैं
आँगन में खेलते हुए बच्चे
अख़बार पढ़ता आदमी

लॉन की कुर्सी पर
हर पल दिमाग़ में चढ़ती
रसोई की गन्ध—
फूल ही फूल भरे रहते हैं उनकी आँखों में
ख़यालों में

ख़यालों में लड़कियाँ
जानती हैं
कोई तूफ़ान छू नहीं सकता
उनके बच्चों को
उनके आदमी को

ख़यालों में उन्हें इत्मीनान रहता है—
कोई बुरी छाया नहीं गुज़रती
उनके ख़यालों के घर से

ख़यालों के उनके घर में
न कोई सपना अकेले देखता है,
न झूठ बोलता है,
न आधा सच—
जानती हैं सब भेद
ख़यालों में लड़कियाँ

ख़यालों के बाहर उन्हें होश रहता है
कि वह ख़यालों से बाहर हैं
कि उनके साथ-साथ चलता है जो
वह घर नहीं,
दुःस्वप्न है घर का

ख़यालों से बाहर लड़कियाँ
टकराती हैं आदमी से
किसी सड़क पर, रेस्तराँ में,
किसी तीसरे के घर
खाने के बुलावे पर

एक गन्ध उन्हें ले आती है
एक-दूसरे के रू-ब-रू
किसकी गन्ध है यह?
घर की?

लड़कियाँ जानती हैं,
अब वे इतनी सिरफिरी नहीं
कि इस गन्ध के पीछे खिंची चली जाएँ

जानती हैं वे
कि उनके चाहते, न चाहते
आदमी उनसे स्वतंत्र भी
एक सपना देखेगा
कि एक रहस्य उसका ऐसा होगा
जिसे वह कभी नहीं खोल पाएँगी—
न प्रेम से, न ईर्ष्या से, न ज़िद से!

विलाप करती हैं लड़कियाँ तब
अपने खोए भोलेपन के लिए
और निकल आती हैं सड़कों पर

विलाप करती हैं लड़कियाँ
हैरान होते हैं लोग

अपना भेद छुपातीं
हँसने लगती हैं लड़कियाँ
देखते हैं लोग

न हैरानी में
न रोने में
न हँसी में

ख़यालों तक में नहीं बचते उनके घर

1985

आँख जो देखती है

आँख जो देखती है
उसके पीछे क्षितिज है

क्षितिज से कानी आँख एक
घूरती है बराबर

उसे

आँख जिसे देखती है
जो क्षितिज से पहले है

1980

सुख में जो दुख है

समुन्दर के पास घायल कछुए का दुख है
तने के पास दम तोड़ती जड़ का दुख है
तूफ़ान के पास हारते आदमी का दुख है

सुख में जो दुख है
किसके पास है?

1979

नज़र के आगे एक दीवार है

नज़र के आगे एक दीवार है
दीवार के पीछे एक कुआँ है
कुएँ की सतह पर सीलन है
सीलन के नीचे गीली मिट्टी है
गीली मिट्टी में फँसी एक जड़ है

जड़ में एक सपना
आकार लेता है

1980

जंगल प्रस्तुत है

जंगल अगवानी के लिए प्रस्तुत है

तुम्हारे आराम की ख़ातिर
नई कोंपलों का बिछावन हाज़िर है

तुम्हें पनाह देने को
आकाश-सा वक्ष प्रस्तुत है

तुम चाहो तो तुम्हें ठोकरों से बचाने को
जड़ें तक खींच ले

तुम्हारा मन बहलाने को
हड्डियों की सारंगी बजा दे

तुम्हारे सिर की छाँह सलामत रखने को
ख़ूँख़ार होकर चूस जाए
धरती का सारा रक्त

किरणों के रंग दिखाने में
अपनी आँखें तक फोड़ ले
और फिर
बाँहों की तश्तरियों में
सलीके से सजाकर
इस तरह परोसे

कि तुम इन्द्रधनुषी रंगों में मस्त
भूल जाओ उसके उदास रंग तक

बस तुम आने की करो—
जंगल अगवानी के लिए प्रस्तुत है।

1979

उसे कुछ नहीं चाहिए था

उसने उससे कहा
मुझे तुम्हारी आत्मा चाहिए

वह उसे बाज़ू से पकड़कर
एक सुनसान मैदान में ले गया
जहाँ एक बिना सिर का
चौपाया खड़ा था

उसने उससे कहा
आत्मा नहीं
मुझे तुम्हारा मन चाहिए

वह उसे घसीटता हुआ
एक घने जंगल में ले गया
जहाँ एक भयंकर अजगर
मुँह खोले बैठा था

वह रहा, वह बोला

लेकिन वह बिना सुने
चीख़ती हुई बाहर भागती आई

गहराती रात में
उसने उससे चीख़-चीख़कर कहा
मुझे सिर्फ़ तुम चाहिए हो!
बर्फ़ीले तूफ़ान के बावजूद
वह पिघल गया धीरे-धीरे

सुबह हुई
वहाँ कुछ नहीं था

उसे कुछ नहीं चाहिए था

1978

कोई है?

कोई है?

गाँव की शाम के सन्नाटे में
भाँय-भाँय करती
चौबीस आत्माएँ पूछती हैं—
कोई है?

अपने शरीरों से यूँ
अकेले निकलते हुए
अचकचाते हुए

आख़िरी उम्मीद में
देह से पूछती हैं चौबीस आत्माएँ—
कोई है?

फिर पकड़कर एक दूसरी का सिरा
डरी-सहमी
घुसती हैं वे गाँव की सरहद में
गाँव की गली में
घर की दहलीज़ पर
लगाती हैं गुहार—
कोई है?

चौबीस आवाज़ों का शोर
चौबीस इच्छाओं का सोग
चौबीस प्रेतात्माओं का ख़ौफ़
खटखटाता है अपना घर-द्वार
मुल्क-गाँव
भाई-बंधु

कोई है?

1987

पंजाब की एक बस में

पता नहीं मरनेवाले ने क्या सोचा होगा
मरने से पहले?

हो सकता है, उसने सोचा हो
कोई महबूब चेहरा
या कोई अधूरा काम?
हो सकता है, उसने सोची हो
कोई आख़िरी अनकही बात?
या अपने छोटे बच्चे का चेहरा?

मरने की क़तार में खड़े होते हुए
पता नहीं क्या सोचा होगा उसने?

शायद उसने सारी की सारी ज़मीन को
भर लिया हो आँखों में?
शायद उसने सारे के सारे आसमान को
हवा को, पेड़ों को
दिन की डूबती रोशनी में उगते चाँद को
देखा हो?

पता नहीं उसने क्या देखा होगा
मरने से पहले?

पता नहीं उसने देखा कि नहीं
मारनेवाले का नक़ाबपोश चेहरा?
या उसके हाथ में पकड़ा हथियार?
या सिर्फ़ उसके हाथ?

हो सकता है, वह सिर्फ़
अपनी ज़मीन के ख़याल में मर गया हो
मुमकिन है, मरने से पहले
उसे कुछ भी न सूझा हो

पता नहीं उसने आख़िरी वक़्त
किसी गुरु-पीर को याद किया कि नहीं?
पता नहीं उसे ईश्वर-जैसी किसी चीज़ पर
गिला आया कि नहीं?
पता नहीं वह 'धर्म' शब्द पर
थूक सका कि नहीं?

पता नहीं मरने से पहले
उसे यह ख़याल भी आया कि नहीं?

मरने के पहले के
उस छोटे-से क्षण में
क्या सोचा होगा उसने?

1987

इसीलिए

वह नहीं होगा कभी भी
फाँसी पर झूलता हुआ आदमी
वारदात की ख़बरें पढ़ते हुए
सोचता था वह

गर्दन के पीछे हो रही सुरसुरी को वह
मुल्तवी करता रहता था

तमाम ख़बरों के बावजूद
सोचता था
अपने लिए एक
बिलकुल अलग अन्त

इसीलिए जब अन्त आया
तो अलग तरह से नहीं आया।

1989

प्रेम तो नहीं है यह लड़की?

प्रेम तो नहीं है यह लड़की
देखती हो हर किसी को
एक ही निगाह से
आँखों में आँखें डाल
उँड़ेलकर सारा मन और आत्मा
जबकि दोस्त बैठा है तुम्हारे पास

दोस्त जब पूछेगा मछली
समुन्दर में कितना पानी
क्या जवाब दोगी?
दोस्त जब पूछेगा लड़की
कोई ख़ाली कोना है भी तुम्हारे पास
मुझे देने के लिए,
क्या जवाब दोगी?

कि देखती हो जहाँ भी
वहीं वह दिखाई देता है?
कि उसके पास होने का सुख
तुमसे सँभले नहीं बन रहा?

वह कैसे जानेगा लड़की
तुम्हारा सुख?
उसकी स्मृति में तो तुम्हारा चेहरा
बहुत उदास है,
बहुत अकेला
तुम्हारे माथे में खिलती धूप
वह कैसे बूझेगा लड़की?

देखती हो हर किसी को तुम
एक ही निगाह से

प्रेम तो नहीं है यह?

1987

शहर में उसके दुख बसता है

शहर में उसके
दोस्त नहीं,
उसके न होने का दुख बसता है

दोस्त तो है
किसी दूसरे शहर में
किसी दूर-दराज़ घर में
या दफ़्तर में—
उसकी आँखों से दूर
उसकी धड़कन से दूर
उसकी चेतना से दूर

कुछ भी हो सकता है वहाँ उसके साथ
रिस सकती है गैस
भड़क सकते हैं दंगे
गिर सकता है दोस्त उसका
ग़श खाकर यूँ ही
सरे राह,
और अगर सब ठीक चलता रहे
तो भी हो सकता है वह उदास
यूँ ही, बेवजह

पता नहीं वह कितना सुरक्षित होता
हर अनहोनी से,
अगर वह होती उसके शहर में
कितना सुखी होता?
होता भी कि नहीं?

लेकिन अगर वह होता उसके शहर में
वह देखती उसके बच्चे का मुँह,
होता अगर उसके पड़ोस में
वह लगाती उसके बच्चे को सीने से

शायद होता कुछ कम इससे ख़ालीपन

न भी होता तो
बाहर लौटती
भूली-सी एक साँस

एक बहुत मुश्किल लगनेवाले दिन
जाती वह उसके घर
भर लाती आक्सीजन
आनेवाले दिनों की

लेकिन दोस्त होता जो उसके शहर
तो कोई दिन भला
मुश्किल क्यों होता?

पता नहीं उसके रहते भी
नींद चैन की उसे
आती कि नहीं?

सीने में सोग था जिसका
उस बच्चे के प्रेत की
तब भी मुक्ति होती कि नहीं?

क्या पता वह तब भी किसी से
कह पाती कि नहीं
किसी-किसी शाम खुलते
सुख-दुख के रहस्य की बात?

शहर में उसके
दोस्त नहीं
उसका दुख बसता है

1987

कहाँ रहेगी वह सन्ताप के साथ?

अगर वह उसके सीने पर
रख दे अपना सिर
या उसके कन्धे पर

अगर वह छुए उसका हाथ
अक्तूबर की झुरझुरी में
थाम ले उसकी बाँह घबराकर
स्टेशन की हड़बड़ी में

लौटते हुए रख दे चुपचाप
उसकी गर्म गर्दन पर
अलविदा का एक अधूरा, रुआँसा चुम्बन

तो
उस लम्बी-चौड़ी देह में
क्या इतनी जगह होगी
जहाँ वह रह सके
अपने सारे सन्ताप के साथ?

1987

वह उसे छूती है

एक अलस्सुबह वह उसे छूती है
किसी अनजान ग्रह पर
होश के सातवें आसमान पर
तृष्णा की अजीबोग़रीब रोशनी में

वह उसे छूती है
भारी बादल की तरह
ठहरी हवा की तरह
पवित्र अग्नि की तरह

वह उसे इस तरह छूती है
जैसे वह छठे दिन का ख़ुदा हो
जिसे उसमें से गुज़रकर
उसे नष्ट कर देना हो
फिर से बनाना हो

एक अलस्सुबह वह छूती है
उस मायावी को
जल की तरह

और चुन लेती है अपने लिए
मृत्यु

एक मछली की।

1987

इच्छा से मुँह फेरकर

दोस्ती में प्रेम था
प्रेम में इच्छा
इच्छा से मुँह फेरकर
वह कहाँ जाएगी?

इच्छा से मुँह फेरकर
वह रेल की पटरी पर जाएगी
या झील के किनारे
या नींद की दसवीं गोली के सिरहाने
तीसरी मंज़िल की मुँडेर पर
अन्तिम इच्छा के संकोच तक

प्रेम में इच्छा थी, इच्छा में तृष्णा
तृष्णा क्यों माँगती थी
अपने लिए जगह?

काफ़ी नहीं थी तृष्णा के लिए
उनींद, अधनींद, स्वप्न का दोष
तृष्णा से बचकर वह कहाँ रहेगी?

तृष्णा से बचकर
वह अपनी देह में रहेगी

कभी न उतरनेवाले
निन्यानवे के बुख़ार की तरह
पाप की ऐंठन की तरह

प्रेम में इच्छा थी
इच्छा में देह

देह जब नहीं बचेगी
इच्छा कहाँ रहेगी?

1987

पिता ने कहा

एक

पिता ने कहा
मैंने तुझे अभी तक
विदा नहीं किया

तू मेरे भीतर है
शोक की जगह पर

1990

दो

शोक मत कर
पिता ने कहा

अब शोक ही तेरा पिता है

1990

जिस एक काँटे से

जिस एक काँटे से
बचने के लिए
तैरती रही मछली
समुन्दर-दर-समुन्दर

उसकी देह में छिपा था

1990

अन्धी होती औरत

ज्योत्सना मिलन की 'बा' के लिए, जो एक दिन उस कहानी से निकलकर इन कविताओं में आन बैठी।

एक

न रंग सूझता है उसे न धब्बा। न अक्षर न मात्रा। मात्राओं में छिपी ध्वनियाँ भी नहीं। संसार हो गया है एक अपरिचित वर्णमाला। फिर भी पढ़ रही है वह, एक प्राचीन लिपि, बूझ नहीं पाये जिसे अभी तक विद्वानगण। अब वहाँ कोई नहीं। न प्रेम का चेहरा। न सत्य का चेहरा। आत्मा का गँदलापन।

व्योम में टटोलती है अन्धी होती औरत पाप-पुण्य का हिसाब। देवदूत तक नहीं मिलते उसे अपने कन्धों पर। अकेली है वह यम की देहरी पर। निष्प्रश्न।

ख़ून के आँसू रोती थी उसकी आँख।

1994

तीन

अपने ही हाथ से टकरा जाता था हाथ अकसर। पाँव उलझ जाता था पाँव में ऐसे कि गिरती चली जाती वह सीढ़ियों से, जो वहाँ कहीं न होतीं।

अनजाने वह चली जाती किसी बुरे सपने में और दरवाज़ा बन्द हो जाता बाहर से। नाड़ियाँ फँस जातीं नाड़ियों में, प्राण प्राणों में। सब उसे त्याग देते उस क्षण। शरीर में बैठी मृत्यु तक। सपने के भीतर अन्धी होती थी वह या कि बाहर, वह नहीं जानती थी। थोड़ी-सी सफ़ेदी वह फिर भी उठा लेती। भविष्य के लिए।

उसे क्या मालूम था, यही सफ़ेदी उसकी झिल्लियों पर फैलेगी, एक दिन।

1994

अवान्तर

चार

हम नहीं आएँगे तुमसे कहने

कि इन दिनों हम नक्षत्र हैं
नक्षत्रों की तरह अकेले

हम नहीं आएँगे तुमसे कहने

कि इन दिनों साँस में
टूटा हुआ है एक काँच

कि देवता गुज़रते हैं बारी-बारी
हमारे भीतर
कोई प्राचीन दुख जिलाने

कि छिपी बैठी है हमारी आत्मा
इन दिनों मांस के भीतर
विस्थापित अस्थि की तरह

कि उड़ती थी जो चिड़ियाँ
हमारे भीतर
थकना शुरू हो चुकी हैं

कि उनके बैठने को कहीं
कुछ न था
न पेड़, न छत
न पिंजरा

कि एड़ी से भी बड़ी
हो गई है अब
कील जो गड़ती थी एड़ी में

हम नहीं आएँगे तुमसे कहने

1994

अवसाद

दो

दुनिया
तैर रही थी
सतह के ऊपर

डूबी
देख रही थी वह
जल की तह से

1994

आख़िर की कविताएँ

सैंडी और नैंसी के लिए

दो

उसके स्वप्न का जो रहस्य
गुप्त था अब तक

चला आया है तुम्हारी
खाने की मेज़ पर

वह बैठता है तुम्हारे पास
तुम उसके
उसके स्वप्न की बेवफ़ाई
देखती है
एकटक तुम्हें

अभी इस आदमी को
नहीं मालूम
कि तुम
जान गई हो
इसका झूठ

अभी इसे ख़ुद भी नहीं मालूम
कि यह जी रहा है
सपने में एक और जीवन

अभी इसे
बहुत समय लगेगा
तुमसे कुछ भी कहने में

ख़ुद का भी जाने यह
कब कर पाएगा
सामना

अभी यह तुमसे
अलग नहीं होगा
साथ चिपटा रहेगा

आख़िर तक
निभाना चाहेगा तुमसे कहे
तमाम पवित्र शब्द

सिर्फ़ तुम थक जाओगी
एक दिन

मेज़ पर बैठी
इस तीसरी की
टकटक से

1993-96

जल्दी ही

उसकी आँखें चमक रही हैं
कुछ ज़्यादा ही तेज़
बुझ जाएगी वह
जल्दी ही जल्दी ही

उसके सपने में है झील
नीली, गहरी, सीली
डूबेगी वह उसमें ही
जल्दी ही जल्दी ही

उसके रोने में हैं कई
तितलियाँ उड़तीं काली
बन्द होगी यह किताब
जल्दी ही जल्दी ही

उसके पंख चिर रहे हैं
अपने ही काँच से अब
जाम होगी उड़न-छतरी
जल्दी ही जल्दी ही

बालू है, नहीं है दरिया
बह गए हैं जिसमें दोस्त
डूबेगी इसी में लेकिन
जल्दी ही जल्दी ही

फ़रार है अभी किसी
बचपन के दुख से वह
पकड़ी जाएगी सपने में
जल्दी ही जल्दी ही

1996

मित्र

एनरिके के लिए

जिस किसी के पास नहीं है घर, अब कभी नहीं होगा
जो कोई है अकेला, रहेगा हमेशा अकेला...

—रिल्के

एक

हवा सोख रही है
उनकी हँसी की आवाज़ें

हवा सोख रही है
उनके कष्ट
उनके राज़

अभी जिनमें दौड़ रहा है
लहू बेतहाशा
बिछुड़कर हो जाएँगे
छाया-भर अपनी

यह ईश्वर की घड़ी है

उसे मालूम है
क्या बीतनेवाली है
इनके साथ
यहाँ से बिछुड़कर

चला आया है वह
छोड़ सब काम
इसीलिए
देखने उन सबको

अभी वे सब
हिल रहे हैं
ईश्वर के तिलिस्म में

पुतलियों-से

गड़बड़ा गया है
सारी सृष्टि का
सन्तुलन

एक उनकी हँसी से

आन पहुँचा है ईश्वर
उनके कक्ष के बाहर

ईश्वर की घड़ी है यह

और वे
सब
अनाथ

ईश्वर के

आयोवा, 1990-96

इस यात्रा में हम*

मन परदेसी जे थीआ
सभ देस पराया...

—गुरु नानक

लक्ष्मण गायकवाड़ के लिए, जिसने पेइचिंग में कहा, एक वेट्रेस के लिए, "देखो, देखो, कैसे परोस रही है मुझको, दूर से ही देख रही थी कि मैं कुछ खा नहीं रहा हूँ, भला मैं इसका क्या लगता हूँ?"

लक्ष्मण, इस यात्रा में हम
किसी के कुछ नहीं लगते

जिनके हम कुछ थे
वे हमसे दूर हैं बहुत

हो सकता है
उनकी अदृश्य उँगलियाँ
खिला रही हों हमको

हो सकता है
उनकी उँगलियाँ
रूठी हों इस समय
हमसे

हो सकता है
उनसे अलग भी

---

* चीन-यात्रा की स्मृति में, जिसमें हम छह थे—रमाकान्त रथ, के. सच्चिदानन्दन, डी.आर. नागराज, जी.एन. डेबी, लक्ष्मण गायकवाड़ और मैं।

हमारे अपने हमसे बिछुड़े हों
सम्भव है
इस माया के पार
सिर्फ़ यही लड़की देख सकती हो

लक्ष्मण, इस यात्रा में हम
किसी के कुछ नहीं लगते

लक्ष्मण, इस यात्रा में हम छह
पाँच महाद्वीप, एक बवंडर हैं
पाँच बवंडर, एक महाद्वीप हैं

पता नहीं किस काल ने
खंडित किया हमें
अलग-अलग

कौन-सी शताब्दी हमें
छोड़ गई यहाँ
पृथ्वी के इस अनजान कोने में
एक-दूसरे के साथ

स्वर्गारोहण को निकले
एक महाकाव्य के पात्र
इस यात्रा में किसी के
कुछ नहीं लगते

इस यात्रा में हम
किसी आदि-मानव की यात्रा को
सम्पूर्ण करने आए हैं

इस यात्रा में हम
कइयों से बिछुड़ने
कइयों को साथ ले चलने आए हैं

इस यात्रा में हम
उँगली रखने आए हैं
अपने निजी सन्ताप पर
देखने आए हैं
कि महाद्वीप बदल जाएँ अगर
तो बदल जाता है क्या
दुख का चेहरा?

अकेलापन हो जाता है क्या
किसी दूसरे सह्य रंग का?

['मिस तू' अगर न रखती अपना रोता चेहरा
डेवी के कन्धों पर
तो दुख का रंग क्या
हर महाद्वीप में वही रहता?]

लक्ष्मण, इस यात्रा में हम
जिनके सब कुछ हो सकते थे
उनके कुछ भी नहीं हैं

जो हमारे हैं
वे आते हैं प्रेतात्माएँ बनकर
हमारे बन्द दरवाज़ों के बाहर
हमारी साँकल खटखटाते
हमारी खिड़की थपथपाते
आधी रात को

जो हमारे हैं, लक्ष्मण
उनसे हम डरते हैं इस यात्रा में

उनसे डरकर हम
रात डेढ़ बजे जीनान में
फ़ोन करते हैं एक-दूसरे को

डर से जा चिपकते हैं काँच से
पतंगे की तरह

अपने बिछुड़े हुओं को देखते हैं
पेड़ की एक शाख़ से
दूसरी को जाते हुए

जो हमारे हैं
उनसे बचने के लिए हम
मन्त्र उच्चारण करते हैं
इस यात्रा में

स्वर्गारोहण को निकले
एक महाकाव्य के पात्र हम
इस तरह बारी-बारी गिरते हैं
विस्मृति के पुल से
युधिष्ठिर सहित

इस यात्रा में, लक्ष्मण
किसी के हम
कुछ नहीं लगते

1994

कंजिका : कुछ विलाप

कनु की स्मृति में
20.9.1985—29.10.1991

मातम की दुनिया में शोक नहीं रहता, जो उसकी रखवाली करता है—वह शोक है।
—मॉरिस ब्लांशो

एक

एक साँस और मेरी बच्ची
मैं चलती हूँ एक मील

एक साँस और मेरी बच्ची
मैं चलती हूँ दूसरा मील

चलती जाती हूँ
और रुक जाती हूँ
इसके बाद तुम्हें
साँस नहीं आई थी

ढाई मिनट बाद वे
उतारते हैं तुम्हारे शरीर की
सूइयाँ—ग्लूकोज़, ख़ून, ऑक्सीजन

साठ हज़ार मील
चलती है तुम्हारी आख़िरी साँस

साठ हज़ार मील
चलता है विषाक्त रक्त
तुम्हारी देह में

तुम जहाँ भी छोड़ती हो हमें
आख़िरी बार
उसके बाद हम रह जाते हैं तुमसे पीछे
जाने कितने
साठ हज़ार मील

एक साँस और मेरी बच्ची
मैं चलती हूँ
कई नक्षत्र
तुम्हारे बाद

1991

सात

कहीं से भी आ जाती थी वह
किसी भी वेश में

हवा की तरह
तूफ़ान की तरह
रास्ता रोकती टहनी की तरह

घेर लेती थी उसे
हर तरफ़ से

एक उससे बचती फिरती थी
एक उसे घेरती फिरती थी

फिर बैठ जातीं दोनों बीच चौराहे में

कौन किसके सूखे स्तन पर
कौन किसके सूखे मुँह पर
रोती थी अपने
अदृश्य हाथ फेरकर

कोई नहीं जानता

1993

नौ

एक स्त्री तुम्हारी अनुपस्थिति में चलती है

निद्रा में नहीं
स्मृति में नहीं
शोक में नहीं
सीधी-सपाट अनुपस्थिति में चलती है एक स्त्री

यह अनुपस्थिति
तीन या चार आयामी नहीं
जो ठोस है
छाया जिसकी गिरती है
तमाम बाक़ी चीज़ों पर

जिसमें एक अवकाश होता है
और उसके रहते
साँस लेने की जगह

धार की तरह है यह अनुपस्थिति
अदीख व छाया-रहित
जिस पर वह चलती है

इस स्त्री के जीवन का
हर घंटा, हर दिन, हर वर्ष
रहता है हमेशा
एक घंटा, एक दिन, एक वर्ष

कोई असहनीय क्षण
घड़ियाँ नहीं बनता फैलकर
इस स्त्री के अनुभव में
काल क्या है—
एक पल से दूसरे पल तक
रस्सी की तरह टँगा—
वह ख़ूब जानती है

इसलिए यह स्त्री जब कहती है
कि वह तुम्हारी अनुपस्थिति में चलती है

तो वह आघात करती है
अपने मर्म पर
तमाम ठोस क्षणों के बीतने के
पीड़ा-स्थल पर

इसलिए यह स्त्री जब कहती है
आज तुम होतीं अगर
तो होतीं चौथी कक्षा में
तो उसे मालूम होता है
काल में हमेशा के लिए
जम जाने का अर्थ

जैसे कि
इतनी ही छोटी रहेंगी तुम्हारी फ्रॉकें
अनंत समय तक

ऐसी ही अनगढ़ रहेगी तुम्हारी लिपि
उँगलियों के अटपटेपन में

ऐसा ही बुद्धू रहेगा तुम्हारा खेल
दिगंत तक
छोड़ दिया जो तुमने अधबीच

इसलिए यह स्त्री
जब नाम देती है तुम्हारे अभाव को
चार वर्ष बाद
काल में तुम्हारे चौथी कक्षा में पहुँचने पर
तो इसके कई अर्थ हो सकते हैं

यानी कि सम्भव है
वह चौथी कक्षा के बहाने
कुछ और कह रही हो

सम्भव है वह 'काबुलीवाला' कह रही हो
जो पढ़ी थी उसने चौथी में
या उस नन्हें पंजे के बारे में
छपा था जो उसके सीने पर

सम्भव है इसने भी
रख छोड़ा हो कोई रहस्य
उसकी तरह

शास्त्रों में एक स्त्री के बूढ़ी होने के
कई नियम लिखे हैं

कुछ नहीं भी लिखे हैं

एक सन्तान की अनुपस्थिति में से
पल-पल गुज़रना

ठोस तर्क-बुद्धि लेकर

एक ऐसा ही नियम है

1994

आयोवा '90

एक

तुम अभी कहीं नहीं हो।

शहर उनके दोस्तों से भरा है। बाहर एक नदी है जिसमें चमकती है उनकी आठवीं मंज़िल। एक मेपल है, रात-भर जिसके पत्ते गिरते रहते हैं। वे सब ख़ुश हैं। उन्माद की हद तक।

एक रात वह नींद में चलती-चलती अपने कमरे की खिड़की से कूद जाती है। यह रात, यह नींद की सड़क बहुत लम्बी होनेवाली है। कई बरस बाद एक भिक्षुणी तुम्हारा दरवाज़ा खटखटाएगी। आधी रात के सन्नाटे में। भिक्षा की तलाश में। उन दिनों भी नदी पर बर्फ़ जमी होगी।

लेकिन यह बहुत साल बाद होगा। अभी तुम कहीं नहीं हो।

1995

श्राद्ध के दिनों में

कभी-कभी आकाश से हमारी माँएँ उतर आती थीं।

हम पिताओं का तर्पण करते। उनके लिए नाना भोजनों की गन्ध देवलोक में भेजते। माँएँ हमारी निचले आकाशों में, हमारी

प्रार्थनाओं की अनुपस्थिति में मँडराती होतीं। हम उनकी शान्ति की चिन्ता नहीं करते थे और सोचते थे, उन्हें भी शान्ति पाने की ऐसी जल्दी न होगी।

पिताओं को भोज पर आने में देर लगती। ऐसा लगता, वे दूसरे लोकों में सुख से हैं। भोजन समाप्त करते हुए वे हमारे चिन्तित चेहरे देखते, उसी उदासीनता से, जो उनमें जीवित रहते समय थी। माँओं को हम नहीं परोसते थे हालाँकि वे वहीं होती थीं, पिताओं की थाली के पास।

शान्ति के लिए हम भटकते थे, हमारी माँएँ भटकती थीं, लेकिन तर्पण हम पिताओं का ही करते थे।

1995

किसी दूसरे का प्रेम

कभी-कभी किसी दूसरे का प्रेम भूल से कुछ देर के लिए हमारे जीवन में आ जाता था।

वह सड़क पर पाई ऐसी वस्तु होता, जो न हमारी होती, न हमने चुराई होती। उसे अपने पास रख लेने का सम्मोहन भी कुछ देर बाद समाप्त हो जाता। अकसर कुछ समय बाद उसे ढूँढ़ता कोई आता और ले जाता। या वह ख़ुद ही हमें अपने घर का पता बताता और हम उसे छोड़ आते। वह एक चमत्कार की तरह आता। चला जाता।

हम उससे उबरने के लिए किसी दूसरे प्रेम का इन्तज़ार करते। और कभी-कभी तो अपना प्रेम ही किसी और के घर छोड़ आते।

1995

अकेले लोग

आर्लीन के लिए

सिर्फ़ ईश्वर जानता था, वे प्रेम के नाक़ाबिल हैं।

इसलिए बाँटने उनका अकेलापन, कभी-कभी वह भेज देता था उनके पास—एक किताब, एक बिल्ली, एक कैनवस। कभी-कभी लेकिन उनकी सब बिल्लियाँ गुम हो जातीं। सब मिल जाते अपनी जगह—कुत्ते, चिड़ियाँ, तोते—बिल्लियों का लेकिन कुछ पता न चलता।

अचानक तब चुप हो जाते—शहर के सब अकेले लोग। चुप और गुमसुम। लोग उन्हें शर्मीला समझते, कभी कमअक्ल। सिर्फ़ बिल्लियाँ थीं, जिन्हें वे प्रेम करते थे। सिर्फ़ बिल्लियाँ थीं, जो उन्हें छोड़ जाती थीं। अपने इस प्रेम की लेकिन—वे भनक तक न लगने देते।

उन्हें मदद की ज़रूरत है। सिर्फ़ ईश्वर जानता था।

1995

निःसन्तान

तेजी के लिए

एक

कभी-कभी वह बिलकुल भूल जाती है। जिसे वह इस बार बता रही है तीन साल का, पिछली बार वह तेरह का था। पाँचवीं में पढ़ती थी बच्ची जो, अब आठवीं में आ गई है, जबकि उन्हें मिले अभी छह महीने ही गुज़रे हैं। पिछली बार दोनों में से एक बहुत अच्छा गाता था, जबकि इस बार कह रही है वह, दोनों अच्छे निकल रहे हैं गणित में। नाम तक गड़बड़ हैं उसकी स्मृति में। सहेली वाले आ गए हैं उसकी ज़ुबान पर।

बहुत दिन हुए, ईश्वर ने चुरा लिये थे उनके बच्चे। अब वे सिर्फ़ उन्हें ढूँढ़ती फिर सकती हैं।

1995

फ़्रीदा काहलो

दो

एक ही वाक्य लिखती है वह जीवन-भर।

अपने चित्रों पर। टूटे मेरुदंड पर। अपने बच्चे के शव पर। ज्यों-ज्यों वह वाक्य लिखती जाती है, उसकी अँगूठियाँ बड़ी हो जाती हैं और पोशाकें

भव्य। भीड़ लग जाती है कैलिफ़ोर्निया की सड़कों पर। कोई नहीं जानता वह तन्मय है अपना एकमात्र वाक्य लिखने में।

एक बार यहाँ से जाकर मैं फिर लौटना नहीं चाहती।

यह एक वाक्य है, जिसे वह सही-सही, हर हिज्जे और मात्रा में, सिर्फ़ आख़िरी रात लिख पाती है।

1995

अँधेरे में बुद्ध

अँधेरे में बुद्ध
अपनी प्रतिमा से निकलते हैं

अपनी काया से निकलते हैं
अपने स्तूप से निकलते हैं
अस्थि-पुंज से निकलते हैं

अँधेरे में बुद्ध
परिक्रमा करते हैं
माया की

मोक्ष की
पृथ्वी की

काँटे की नोंक पर
ठिठकते हैं
अँधेरे में बुद्ध

दुख उनके लिए है
जो उसे मानते हैं
दुख उनके लिए भी है
जो उसे नहीं मानते हैं

सिर नवाते हैं
अँधेरे में बुद्ध
अगरबत्ती जलाते हैं
सामने उसके
जो है
जो नहीं है

एक मुद्रा से दूसरी मुद्रा तक
एक प्रतिमा से दूसरी प्रतिमा तक
अँधेरे में बुद्ध
अपनी जगह बदलते हैं
जैसे उनकी नहीं
दुख की जगह हो

पेइचिंग, 1994

घूम रहे हैं उद्विग्न बुद्ध

कभी-कभी बुद्ध
उकता जाते हैं

गई रात निकलते हैं तब
चुपके से
हाल जानने दूसरे बुद्धों का

कुछ हैं जो खड़े हैं वनस्पतियों में
कुछ हैं जो लेट गए हैं जाकर
महानिर्वाण की मूर्तियों में
कुछ हँस रहे हैं अभी तक
ऊँचे उठ रहे हैं कुछ मैत्रेय
मन्दिरों की छतों से
बाहर आने को

घूम रहे हैं कुछ बुद्ध
उद्विग्न इस पृथ्वी पर
कोई नहीं उत्सुक
उनकी बात सुनने को
कोई-कोई बुद्ध एकदम
गुमसुम हो गए हैं
बची नहीं एक भी बात
बुद्धों के पास

बोध के बाद
आपस में करने को

संसार जल रहा है अभी तक
उसी तरह
दलदल में धँसे हैं
अभागे उसी तरह

थक गई है अग्नि
थक गया है बोध
थक गया है बैल भी
पृथ्वी के नीचे

बुद्ध भी थक गए हैं
बुद्ध होते-होते

बैंकॉक, 1994

वह नहीं कहता—घर

वह नहीं कहता—घर।
वह नहीं कहता—डर।
वह नहीं कहता—प्रश्न।
प्रियजन—यह भी नहीं कहता वह।

अपने भीतर बैठ जाता है वह उकड़ूँ होकर। उसका प्रश्न उसके भीतर उकड़ूँ होकर। कोठरी उसकी छोटी है। न वहाँ लेटा जा सकता है, न

खड़ा। एक दिन वह आता है इस कोठरी से बाहर। आता है उसका प्रश्न उसके साथ।

छूट जाते हैं सारे घर, उसके पूर्व-जन्मों में। बिछुड़ जाते हैं इस बार, जो बिछुड़ते रहे थे अब तक।

उसके लिए घर नहीं, सन्ताप है।

1995

कपिलवस्तु के खँडहर

स्त्री के वक्ष पर रखा तुम्हारा हाथ, ठिठक गया था जो उस दिन, वह अब भी यहाँ है।

ठहरा था एक ईश्वर जो उस रात—तुम्हारी स्त्रियों के मुख पर,
तुम्हारी अ-पुरुष हुई देह में अचानक—वह अब भी यहाँ है।
अभी तक नहीं मिली तुम्हारी देह—कपिलवस्तु की चींटियों को।
भटकती हैं वे, भटकती है तुम्हारी कई दिनों की भूख।
चली आई थी वह तुमसे छिपकर—पिता की इन गलियों में।

स्त्री जो सो रही थी महल के एकान्त में उस दिन।
अपने नवजात के संग। अभी तक सो रही है खँडहर में।

1995

ओदि-थेरियाँ

कुछ वे समझेंगी
कुछ वे नहीं

थोड़ा वे पाएँगी
ज़्यादा वे गँवाएँगी
उम्मीद से परे

कुछ उसकी सुनेंगी
गुनेंगी कुछ अपनी
बाहर इस देह से

होगा कहीं सच एक
होगा कहीं ताप एक

थोड़ा वे बचेंगी
ज़्यादा वे जलेंगी
अपनी ही आँच में

कुछ वे छोड़ेंगी
कुछ वे नहीं

कुछ वह देखेगा
कुछ वह नहीं

कुछ वे जिएँगी
कुछ वे नहीं

कभी चुप रहेगा
कभी वह नहीं

काल गोट खेलेगा
अन्त तक हँसेगा

1995-96

एक भिक्षु के एकान्त में

एक भिक्षु के एकान्त में
कभी-कभी
कुछ भी नहीं

ईश्वर नहीं

वह ख़ुद भी नहीं

एक वह नहीं

छूते हैं
उसके पाँव
वे सब
एक के बाद
एक

एक वह नहीं छूती

देखती रहती है
सुकुमार त्वचा उनकी

टक-टक

दिव्य यदि

दिव्य यदि
वह है तो

मैला हो
सकता है क्या

छूने
भर से?

छूना उसे

छूना उसे
उतना भी नहीं

जितना छूते हैं
उसे

हवा
सूर्य
उड़ते आते रज-कण

छूना उसे
असम्भव के
व्योम में

जहाँ हो
उसका
केवल
ईश्वर

अनुपस्थित

उसके एकान्त में

उसके एकान्त में
वह
फेंकती है
कंकर

एक
इच्छा का

बिछोह का
एक

कव्वे*

कोई नहीं रुकेगा।

जितनों को उड़ाओगे, सब चले जाएँगे। बैठ जाएँगे जाकर किसी दूसरे जन्म की शिला पर। फिर से करने लगेंगे तुम्हारी प्रतीक्षा। एक होगा लेकिन जो कहीं नहीं जाएगा। रुके रहने को अदृश्य हो जाएगा वह।

---

* तब बुद्ध ने एकत्र भिक्षुओं से कहा, "भिक्षुओ, कव्वा उड़ाने में समर्थ पन्द्रह साल से कम उम्र के बच्चे को श्रमण बनाने की अनुमति देता हूँ?"

—विनय पिटक, महावग्ग, महास्कन्धक, 1-3-6।

तुम्हारे संग लगा रहेगा हर दम। धूप और बारिश में। स्मृति और विस्मृति में। ठंडे बिस्तर में जाओगे तुम और गर्म कर रखी होगी उसने तुम्हारी जगह।

सिर्फ़ किसी-किसी दिन तुम्हें शक होगा। रुक जाओगे तुम अचानक। आकाश के नीचे। बीच पर्वत पर। जैसे कुछ पूछा हो किसी ने।

नहीं, यह स्मृति-पर्वत नहीं है। जो माँगते हैं उत्तर, वह दीखते नहीं हैं।

ईश्वर देख रहा है तुम्हें

इस समय ईश्वर देख रहा है तुम्हें एक स्वप्न में। उसकी एक आँख में तुम हो, एक में वह। तुम बिछुड़ कैसे गए—ईश्वर देख रहा है सब।

यह एक डरावना सपना है। कई खाइयाँ हैं इसमें। कई अँधेरे-सृष्टि के भी पहले के। *तब तो ये कहीं के भी नहीं।* ईश्वर सोच रहा है स्वप्न में और देख रहा है तुम्हें लुढ़कते हुए।

तुम स्वयं अभी थोड़ा-सा बाहर हो ईश्वर के स्वप्न के, थोड़ा-सा भीतर। धड़ तक तुम डूबे हो जल में, उसके ऊपर प्यास में। ईश्वर तुम्हें देख रहा है स्वप्न में और उसकी आँख में बन रहा है आँसू एक।

कैसा अश्रु है यह कि बहता जा रहा है पृथ्वी पर? कैसा स्वप्न है उसका कि ख़त्म होने में नहीं आ रहा?

हर प्रेम

हर प्रेम सबसे पहले यही पूछता है, तुम्हारी चौखट तक आकर—क्या तुम मेरे लिए कूद सकते हो खिड़की से नीचे? कर सकते हो क्या तुम छलनी अपना सीना? हर प्रेम पूछता है यही, उड़ सकते हो क्या मेरे साथ, ठूँठ अपने कन्धों से?

प्रेम जब आता है तुम्हारी चौखट तक, तो जल्दी चले जाने के लिए नहीं। उसे जाना होता है किसी पर्वत या घाटी की तरफ़। समुद्र या नदी की तरफ़। वह बिना किसी पूर्व-योजना के आ निकलता है तुम्हारे घर की तरफ़, और जानना चाहता है, तुम उसके साथ डूबने चल रहे हो या नहीं।

प्रेम तुम्हें भली-भाँति मरने की पूरी मोहलत देता है।

एक कोई जगह है

एक कोई जगह है
पृथ्वी के
अन्तिम छोर से भी आगे

छूट जाती है वहाँ
धरती

बहुत पीछे
पैरों के नीचे से

अर्थहीन हो जाती है वहाँ
चिड़ियों की उड़ान
डूबनेवालों की डुबान

सितारे कहीं
होते हैं ज़रूर

दूसरे ग्रहों के प्राणी भी
हो सकता है
देखते हों वहाँ का
समस्त क्रिया-कलाप

जब तुम नहीं होते
वह
जाती है वहाँ
डुबोती है अपना पाँव
अथाह में
जैसे डुबो नहीं
डूब रही हो

प्रेतिनी की तरह
मुड़े होते हैं
उसके पाँव

तुम्हें ढूँढ़ते हुए

कौन था वह?

दिल ने नहीं छोड़ा
लहू साफ़ करना

याद रखा दिमाग़ ने
सन्देश भेजना
शरीर को

आँखें करतीं रहीं
देखने का काम

लगे रहे कान
हर आहट
पकड़ने को

फैलती रही भूख-प्यास
बेरोक
अँतड़ियों में

ओढ़ाती रही चादर
नींद
हताश स्मृति को

कौन था फिर
वह

जिसे लगता रहा
बैठ गया है
सीने में
फफोले की मानिन्द
दिल?

कौन था
तैरता रहा जो
लाश-सा
यथार्थ की
झील पर?

कौन था
जिसने
पूछा नहीं तुमसे
एक भी प्रश्न

स्वप्न तक में

जब तुम नहीं थे?

जब तुम नहीं थे

जब तुम नहीं थे

चिड़ियाँ छोड़ गईं
अपने तिनके

मेरे पास
बिना घर बनाए

झुलसा लिये थे पत्तों ने
अपने चेहरे
इतनी सेवा के बाद

चींटियाँ हो गईं
उचाट
अपने घरों को जातीं

सुबह जो उड़ती थीं
तितलियाँ
मिलने लगीं शाम को
कापियों में बन्द

ग़ायब होने लगे
पवित्र ग्रन्थों से
अक्षर

जमा होने लगे
सितारे
घर की छत पर
टूटकर

करने लगे चिन्ता
यक्ष गण पितर

भागती रही उम्र
धूप और सफ़ेदी के बीच

टूटने लगी थी
हृदय-रेखा
हथेली के बीचों-बीच

कहाँ चले गए थे तुम?

एक दिन सब

सब जान लेगी वह
तुम्हारे बारे में
अपने तप से एक दिन

सुन लेगी सब बातें
तुम्हारे चीवर और
देह के बीच

पता चल जाएगा उसे
तुरन्त
किस देश की
कौन सड़क पर
चलते हुए
अभी-अभी काँपा था
तुम्हारा पाँव

कितने बजे थे घड़ी में उस दिन
जब चला था एक

बुलबुला कहीं से
और फूट गया था
आकर
तुम्हारे हृदय में

कितने अंश का कोण
बन रहा था
ज़मीन पर
तुम्हारे हाथ की छाया का
जब आईने के सामने खड़े
धकेला था पीछे
तुमने पीड़ा की लहर को

उससे कुछ भी नहीं छिपेगा
हालाँकि

वह कहीं नहीं होगी

सब मालूम होगा उसे
नींद आने के कितने क्षण बाद
तुम डूब जाते हो
फिर आते हो सतह पर
माँगते बुद्ध से शरण
नीम-बेहोशी में

कोई उसे
बताएगा नहीं

पूछने नहीं जाएगी
वह किसी से

उसकी जान का आतिशी काँच
जल रहा है जो
धू-धू
इतने दिनों से

साफ़ दीखता होगा
उसमें
सब

⁂

करवट बदलोगे तुम नींद में

पलकें झर जाएँगी
तुम्हें देखने की इच्छा में

उँगलियाँ बन जाएँगी
चींटियाँ
तुम्हारे पैरों पर
बढ़तीं
बिछलतीं

होंठ बन जाएँगे
नन्हीं मक्खी नन्हा मच्छर
रखते तुम्हारे कानों पर
अपना पहला स्पर्श

साँस उसकी
करेगी चहलकदमी
तुम्हारी सोई काया में
यों बेखटके
जैसे ख़ाली घर में हो

करवट बदलोगे तुम
नींद में
और तुम्हें कुछ
मालूम न होगा

न यह
कि क्यों भटकते रहते हैं
कुछ प्रेम
इस धरती पर

न यह
कि व्यस्त रहते हैं क्यों
कीट-पतंगे
दिन-रात

तीसरे पहर तुम
उठ बैठोगे
कुछ नींद
कुछ प्यास
कुछ चित्त-भ्रम में

काफ़ी देर
तुम्हें मालूम न होगा

क्यों हिल रही है
सारी सृष्टि
इस पहर

सुबक रहा है कौन
कहाँ?
भीतर
कि बाहर?

यह आकांक्षा समय नहीं

जाते हुए

एक दिन प्रेम आएगा तुम्हारे घर और घर में अन्न न होगा। एक दिन प्रेम आएगा तुम्हारे जीवन में और भर चुके होंगे सब पन्ने। एक दिन प्रेम आएगा तुम्हारे पास और तुम्हें मालूम न होगा, प्रेम है यह।

बदल गया होगा उसका मुख इस जन्म तक आते-आते। थक गया होगा उसका सिर। भर चुकी होगी उसमें उम्र-भर की नींद।

जाते हुए प्रेम देखेगा तुम्हें अजीब ख़ाली आँखों से। मृत्यु के क़रीब सपनीली हो जाएँगी उसकी आँखें। और गीली।

एक दिन वह जागेगी

एक दिन वह जागेगी और पायताने से उठकर जा चुका होगा ईश्वर। एक दिन वह जागेगी और सूख चुकी होगी आँख। उतर चुका होगा खुरंड। थम गई होगी पीड़ा।

एक दिन वह झाँकेगी स्वस्थ होकर दर्पण में और भर जाएगी विस्मय से। घाव के बिना ही वहाँ बँधी होगी पट्टी एक।

चोट जिसे लगना होगा, अभी होगी बहुत दूर। *किसी भविष्य में।*

एक दिन तुमसे

एक दिन तुमसे
हत्या हो जाएगी उसकी
स्वप्न में
          और तुम उठ बैठोगे
          घबरा कर

एक दिन तुम्हारे हाथों पर
चिपका रह जाएगा लहू
          और नल बहता होगा
          किसी दूसरे जन्म में

एक दिन घबरा कर
बोल जाओगे तुम झूठ
और पटरियाँ उलट देंगी
यात्रियों से भरी रेल

एक दिन तुम आ जाओगे
पवित्र पर्वत पर अपने
और लिथड़ी मिलेगी
तुम्हारे पैरों में एक चिड़िया

एक दिन तुम झुकाओगे
दर्पण में अपना सिर
और वह वापस लौटा देगा
तुम्हारा मुख

एक दिन तुम पढ़ते होगे
गूढ़ लिपि कोई
और कूद जाएगी पृथ्वी
अपनी कक्षा से बाहर

एक दिन तुम पहुँचोगे
ईश्वर की सभा में
समस्त उत्तरों से लैस होकर
और तुमसे पूछा नहीं जाएगा
एक भी प्रश्न

तुम्हारे लिए
यही
तय करेगा
एक दिन ईश्वर

इस किताब में

इस किताब में
शुरू होने से पहले
दर्ज है हमारा अन्त

इस किताब में
मिलने से पहले ही
हमारा बिछुड़ना तय है

इस किताब में
हमारे नाम के आगे
लगा है विस्मयसूचक!

हम कुछ भी हो सकते हैं यहाँ
शोकाकुल
या आह्लादित

इस किताब को
मालूम हैं सब
भागने के रास्ते

बहुत दूर नहीं जाते वे

इस किताब में

बहुत भारी एक पत्थर है
बदलता रहता है वह
अपनी जगह

कभी वह बन जाता है नीति-वाक्य
कभी विस्मयसूचक चिन्ह
कभी हम

किसी किसी रात वह
अपने से छिपता है
अकेला तिड़कता है
देख तारों भरा आसमान

इस किताब में
अँधेरों का कोई ज़िक्र नहीं

न उनींद का
न उम्मीद का

चिट्ठी

चिट्ठी खटखटाती है दरवाज़ा बाहर से और तुमसे कुंडी नहीं खुलती अपने एकान्त की। तुम इतने अर्से से बन्द हो वहाँ कि ज़ंग लग चुकी है कुंडी में। तुम इतने अर्से से बन्द हो वहाँ कि तुम्हें यह भी नहीं मालूम कि तुम भीतर से बन्द हो या बाहर से।

चिट्ठी दरवाज़ा खटखटाती है और तुम उसे कहते हो भीतर से—दरवाज़ा खोल लो बाहर से। अव्वल तो चिट्ठी तुम्हारी आवाज़ सुन नहीं पाती। सुन भी लेती है अगर तो उसे सुझाई नहीं पड़ता कि कुंडी कहाँ है। हर हताश चिट्ठी तुम्हें चेतावनी देती कहती है, इसके बाद नहीं आऊँगी। तुम्हारा हर अनुत्तर तुम्हें वहाँ फेंकता है, जहाँ तुम पहले से ही बन्द हो।

कोई चिट्ठी तुमसे कभी यह नहीं पूछती, तुम यों बन्द कैसे हो गए आख़िर? हर चिट्ठी उम्मीद के लिफ़ाफ़े में बन्द है—और लिफ़ाफ़ा फटा हुआ है।

सिर्फ़ एक दिन वह स्मृतिहीना

सिर्फ़ एक दिन
वह नहीं सोचेगी
तुम्हारे बारे में

और मछलियाँ भूल जाएँगी
जल के भीतर अपना रास्ता

टँगा रह जाएगा जलता सूर्य
निरुपाय सौरमंडल में

फँस जाएगी समय की नाल
गिर्द अपने ही कंठ के

सिर्फ़ एक दिन
वह स्मृतिहीना
रखेगी अपना दिया
सूर्य और चन्द्र के बीच

और चिन्तित हो जाएँगे
आकाश में सप्त-ऋषि

झरने लगेंगे अक्षर
टूटकर लिपियों से

भूल जाएँगे जीव अपने मुख
और दर्पण कहीं न होंगे

सिर्फ़ एक दिन
क्षण-भर को उससे
ओझल होगे तुम
दैवी कुहेलिका में

और छा जाएगा अन्धकार
ब्रह्मांड के अन्त तक

घुमड़ने लगेंगे लावे
पृथ्वी के अन्तर में

घोंघे जल उठेंगे
अपने खोल के भीतर
कई मीलों तक

सिर्फ़ एक दिन के
विस्-मरण में
नीली पड़ जाएगी यह देह

अपने ही काटे से

तुम कहोगे, रात

तुम कहोगे, रात
और रात हो जाएगी

तुम कहोगे, दिन
और धुल जाएगा दिन

तुम कहोगे, रंग
और उड़ती चली आएँगी
तितलियाँ पृथ्वी-भर की

तुम सोचोगे, प्रेम
और दिगंत खोल देगा
एक इन्द्र-धनुष गुप्त

तुम होगे सन्तप्त
और जल जाएगी
उसकी त्वचा
दूसरे शहर में

तुम कहोगे, रात
और झरती चली जाएगी स्मृति
तुम कहोगे, दिन
और रिक्त हो जाएगी पृथ्वी

तुम रहोगे, चुप
और चटक जाएँगी
शिलाएँ चन्द्रमा तक

तुम करोगे, अदेखा
और वह जा फँसेगी
अदृश्या
हवा के कंठ में

तुम कहोगे, रात
और बनने लगेगा
आप-ही-आप
रेत में एक घर

तुम कहोगे, दिन
और उघड़ जाएगी यह देह
जरा की कुतरी हुई

आकांक्षा नाच रही है अकेली

आकांक्षा नाच रही है
अकेली
इस सृष्टि में

नहीं कहीं पृथ्वी
उसके
तले पैरों के

न उसे दरकार
किसी पृथ्वी की

आकांक्षा नाच रही है
अकेली
बिना पैरों के
इस सृष्टि में

बिना हाथों के
बिना धड़ के

केवल एक सिर विक्षिप्त लिये
रक्त-रंजित एक मर्म लिये

उसने जगा दिये हैं
देव
तीन लोकों

आकांक्षा नाच रही है
नृत्य

सृष्टि में
सबसे
एकाकी

देह के भीतर

देह के भीतर
कोई है
तुम्हें पुकारता है

न अपना
न पराया

भटका-भटका सा
कोई है
तुम्हें पुकारता है

देह के भीतर
कोई है
तुम्हें पहचानता है

न मुख से
न वाणी से

पूर्व समय की
किसी छाँह ने उसे
धुँआया है

देह के भीतर
कोई है
सब भेद जानता है
न नींदा
न उनींदा

अपने ही काठ पर
लेटा हुआ
शव अपना

देह के भीतर
कोई है
तुमसे जल माँगता है

क्यों तुम्हें पुकारता है?
क्यों सब जानता है?
क्यों जल माँगता है?

थोड़ी-सी उम्मीद चाहिए

थोड़ी-सी उम्मीद चाहिए

जैसे मिट्टी में चमकती
किरण सूर्य की

जैसे पानी में स्वाद
भीगे पत्थर का

जैसे भीगी हुई रेत पर
मछली में तड़पन

थोड़ी-सी उम्मीद चाहिए

जैसे गूँगे के कंठ में
याद आया गीत

जैसे हल्की-सी साँस
सीने में अटकी

जैसे काँच से चिपटे
कीट में लालसा

जैसे नदी की तह में
डूबी हुई प्यास

थोड़ी-सी उम्मीद चाहिए

दिल में डूबी हुई

दिल में
डूबी हुई तैरे
एक किश्ती

एक किश्ती
एक तिनका
एक मरा हुआ तैराक

दिल में सोई-सोई
बहे एक
मछली

एक मकड़ी
एक जाल
एक फँसा हुआ घड़ियाल

सिर में
थकी-थकी चले
एक नींद

काली काई
एक आहट
भूली किसी बात की गड़-गड़

कोई धीरे-धीरे
तोड़ दम अपना
एक ज़िद

एक प्यास
एक आस
औलाद एक

कहीं डूबी हुई
काँपे
एक छाया

एक काया
एक कंजिका
अपने खोल में मरी
जलकन्या

जाने कौन?

निचुड़ा-निचुड़ा

निचुड़ा-निचुड़ा
दिल था
री माँ!

मैला-मैला
डर था
री माँ!

माथा टुकता
काग था
री माँ!

नीला हो गया
साँस था
री माँ!

सूँघा सोती को
नाग ने
री माँ!

ले गया वो
मेरा श्वास था
री माँ!

अटक गया
मेरा प्राण था
री माँ!

घुमड़ रुकी
हर बात थी
री माँ!

जलता-जलता
ज़हर था
री माँ!

ऐंठ मुड़ी
मेरी आँत थी
री माँ!

जड़ उखड़ गया
मेरा मन था
री माँ!

कुचला गया जो
एक साँप था
री माँ!

एक साँस आए

एक साँस आए
एक साँस जाए
बीच में दरिया
डुबकी लगवाए

एक साँस अटके
एक साँस भटके
पिंजरे में मैना सिर
रह-रह कर पटके

एक साँस गुमसुम
एक साँस बड़बड़
नींद चाहे छूटे ना
सपना तो टूटे

एक साँस सूखी
एक साँस बिरहन
एक साँस विनती
एक साँस मिन्नत

एक साँस तपती
एक साँस ठंडी

वही साँस मिट्टी
वही साँस जन्नत

एक साँस दरिया
एक साँस मरुथल
उसी में तूफ़ान आया
उसी में बवंडर

या तू चाँद लेकर आ

या तू चाँद लेकर आ
या तू चाँद लेकर जा

या तू कंठ में रख प्यास
या तू कंठ में रख गीत

या इस शूल को निकाल
या फिर औरों को मत छील

या रख पंख में उड़ान
या अपनी चाबी अपने पास

या तू बन जा खोया रस्ता
या तू बन जा सरपट घोड़ा

या तू देख उसकी बाट
या तू रेतघड़ी देख

या तू तीर अपने गिन
या तू ऋतुएँ गिननी सीख

या तू पत्थर हो के जी
या तू ठोकर खा उठ बैठ

कभी बाणगंगा पास
कभी बाण मुख के बीच

आधे रस्ते तुम चलते हो

आधे रस्ते तुम चलते हो
उसके संग
फिर लौटा ले जाता है
ईश्वर बेचैन

आधे सिर में फिरते हैं
इच्छा-सन्ताप
आधे में करती है फिर
निद्रा आघात

आधी काया रहती है
चिमटी संग तुम्हारे
लौट आता है आधा शव
घर अपने

भटकती है आधी छाया
मरुथल में
बदलती है आधी काया
मरुथल में

आधी वह होती है
अपनी न-हुई
देखता है आधी को
ऊपर वाला

आधा होता है बन्द
ताला ठिठकता
रहता है मुँह भिंचा
अन्त तक आधा

थपक थपक दिल थपक थपक

थपक थपक दिल थपक थपक
बात भुलाई दिल थपक थपक

हाथ भी ख़ाली मुट्ठी भी ख़ाली
बात बताई उसने अटक अटक

एक ही चमड़ी एक ही धरती
उतरा खुरंड वही रगड़ रगड़

साँस में दुखड़ा दुखड़े में आग
धौंकनी ये हरदम भभक भभक

न वो अपना न वो किसी का
बैर निभाया उसने सोच-समझ

कभी गुम दरिया गुम कभी बंजर
प्यास ये फैली कैसी लपट लपट

रह-रह कर सिर में एक ही चोट
उठे एक लहर वहीं फ़फ़क फ़फ़क

बात भुलाई रैन बिताई जान बचाई
थपक थपक दिल थपक थपक

मांस की टोकरी मेरी

मांस की टोकरी मेरी,
मांस की टोकरी
कहाँ जाएँगे हम एक दिन?
कहाँ जाएँगे?

अस्थि कुछ गुनती है
अस्थि कुछ लिखती है
मांस की टोकरी तेरी
धीरे-धीरे घिसती है

मांस की टोकरी मेरी,
मांस की टोकरी
अस्थि क्या लिखती है?
अस्थि क्या बूझती है?

अस्थि जो लिखती है
उसे ही बुझाती है
मांस की टोकरी तेरी
जली-बुझी अँगीठी है

मांस की टोकरी मेरी,
मांस की टोकरी
कहाँ जाएँगे हम एक दिन?
कहाँ जाएँगे?

किसे है पता?
किसे है पता?
बिना पंखों वाले तुम
बिना पैरों वाले तुम

मांस की टोकरी मेरी,
मांस की टोकरी
पलकें जल जाएँगी क्या?
आँखें भी जल जाएँगी?

सपने जल जाएँगे सब
जल जाएगा सब जल-थल
काया जमा काया तेरी
छाया घटा छाया होगी

मांस की टोकरी, मेरी
मांस की टोकरी
तुझ में जो छेद है यह
क्या कोई भेद है?

छेद सब भेद हैं
भेद सब छेद हैं
अस्थि यही लिखती है
अस्थि यही मेटती है

मांस की टोकरी मेरी
मांस की टोकरी
डूब तो न जाओगी अधबीच?
हमें छोड़ तो न जाओगी?

कौन कह सकता है
डूबना पहुँचना है
कि पहुँचना ही डूबना है?
मांस की टोकरियाँ तो
पुराना एक बहाना भर हैं

एक पल में होना था

अचानक ख़त्म हो गए सब काम
रुकी रह गई
हवा में साँस

न कहीं जाने को जगह
न पहुँचने की

न बची चिन्ता
न कोई
प्रार्थना

पहले अन्न हुआ अस्वीकार
फिर फल
दूध सब

कम हुए घंटे
घट और पल
लँगड़ी हुई घड़ी
फिर लूली

काला हुआ चाँद
खिड़की के बाहर

वनस्पतियाँ काली
दिन काला

डोर काट अकेली
उड़ीं तुम गगन में

डूबी एक किश्ती
गड़गड़ सीने में

उजली तुम्हारी साँस

आख़िर तक
दलदल में

होंठों पर आख़िर तक
नाम प्रार्थना का

आकाश से
बरसा एक कोड़ा

मैं डरी
हम डरे

जा दुबके भीतर
तुम्हारे मृत गर्भ में

एक पल में होना था
एक पल में हुआ

अन्य यह संसार

जो भी था

जो भी था
जितना भी था
संसार सब
तुम्हारी आँखों में था

पहले चिड़िया उड़ी
फिर काग

फिर आए सरपट घोड़े
मेरी हथेली पर
दौड़ते बगल तक
गुदगुद गुदगुद

वहीं उन्हें देखा
अनदिख
पहली बार
हवा में

वही था संसार सब

न गड्ढे दिखे
न खाई, माँ

न राक्षस
न चुड़ैल

तुमने कहा, सूरज
मैंने माना सूरज
तुमने कहा, चाँद
मैंने देखा, चाँद

जो भी कहीं था
तुम्हारे शब्द से था

जो भी कहीं था
तुम्हारी उँगली पर टिका था

पृथ्वी के समस्त फूल
पक्षी, चींटियाँ
सब टिके थे तुम्हारी उँगली पर

तुम्हारे शब्दों के बाहर
कहीं कुछ न था

इसी में क्यों झड़ना था, माँ
हमें किसी सूने काले दिन

लौटना था वापस
आकाश में
मिट्टी में

जाना था अकेले-अकेले
नदी के जल
मछलियों की कुतरन में

संसार
जिसके बारे में
चेताते रहे धर्मग्रन्थ

जिसे हमें छोड़ना था
एक दिन

बना था वह
पाँच भूतों से नहीं
तुम्हारे शब्द से केवल

ढह गया
उसी में, माँ

ये जो जल

ये जो जल
मैं पीती हूँ
हवा जो खाती हूँ
धूप जो सेंकती हूँ

न ये जल है
न हवा
न धूप

ये जो रंग मैं देखती हूँ
फूल में
लाल पर सफ़ेद
पंखुड़ी में घूमता

कभी वृत्त
कभी रेखा में

न ये लाल है
न सफ़ेद

न फूल
न पंखुड़ी

न वृत्त
न रेखा

ये जो
खेलते हो तुम
इस दिल से

कभी उँगलियाँ डुबोए
मेरे रक्त में
कभी उछालते
इसकी गेंद
ऊपर हवा में

कभी ये दिल
तुम्हारे हाथों में
कभी पैरों में

कभी ये मिट्टी में ठप्प
टकराये कभी
लोहे के जाल में
जा फँसे कभी
काँटे के झाड़ में

न ये दिल है
न गेंद

न ये लोंदा किसी मांस का
न गुच्छा किसी प्रकाश का

ये जो बैठी हूँ मैं
इस क्षण यहाँ

नन्ही-सी ओस
चुँधियाई हुई सूर्य से

न मैं ओस हूँ
न भाप

अभी
बिलकुल अभी
कोई ले जाएगा मुझे
तुम्हारे बादलों के पार

धीरे-धीरे दृश्य से

धीरे-धीरे दृश्य से
ओझल होता है
आदमी

पता भी नहीं चलता
कब दिन हुआ छोटा
लम्बी हुई रात

फैल गई कब
मिट्टी में जड़
लिपट गई
नागिन एक उससे

चला गया कब एक आदमी
हवा में टँगी रस्सी पर
बाँस से चढ़ ऊपर

फिर वही
बैठ गया उतरकर
ख़ाली दीर्घा में

इस खेल में उसकी

असल है छाया
कि काया
कुछ पता नहीं चलता

कभी हँसी, कभी रुदन
कभी झगड़े, कभी बहस
शुरू से अन्त तक
एक ही संवाद

झोल नहीं कहीं भी

एक आदमी जाता हुआ रस्सी पर
इधर-से-उधर
अपने एकान्त में

पता भी नहीं चलता

पीली पड़ गई कब
पत्ती एक

हँस पड़ा दूर कब
अँधेरे में फूल

चीख़ पड़ी चिड़िया
कब अपनी नींद में

अचानक नहीं बदलता कोई दृश्य

धीरे-धीरे होता है अदृश्य सब
दर्शक

अभिनेता
कथानक

पता भी नहीं चलता
कब चला गया एक आदमी

दूर
हर पुकार से

दिन के दुख अलग थे

दिन के दुख अलग थे
रात के अलग

दिन में उन्हें
छिपाना पड़ता था
रात में उनसे छिपना

बाढ़ की तरह
अचानक आ जाते वे
पूनम हो या अमावस

उसके बाद सिर्फ़
एक ढेर कूड़े का
किनारे पर
अनलिखी मैली पर्ची
देहरी पर

उसी से पता चलता
आज आए थे वे

ख़ुशी होती
बच गए बाल-बाल आज

रातों के दुख मगर
अलग थे
बचना उनसे आसान न था

उन्हें सब पता था
भाग कर कहाँ जाएगा
जाएगा भी तो
यहीं मिलेगा
बिस्तर पर
सोया हुआ शिकार

न कहीं दलदल
न धँसती जाती कोई आवाज़
नींद में

पता भी न चलता
किसने खींच लिया पाताल में
सोया पैर

किसने सोख ली
सारी साँस

कौन कुचल गया
सोया हुआ दिल

दुख जो कोंचते थे
दिन में
वे रात में नहीं

जो रात को रुलाते
वे दिन में नहीं

इस तरह लगती थी घात
दिन रात
सीने पर

पिघलती थी शिला एक

ढीला होता था
जबड़ा
पीड़ा में अकड़ा

दिन गया नहीं
कि आ जाती थी रात

आ जाते थे
शिकारी

मुझे यदि पता होता

मुझे यदि पता होता
क्या करना है
इस दिन का

ये दिन
तुम्हारे न होने का

अन्धी आँख जैसा
सफ़ेद दिन

मुझे यदि पता होता
कैसे रोकनी है यह घड़ी
रक्त में
करती टिकटिक

दही जमाती
मेरे सिर में

मालूम होता यदि
कैसे मोड़नी है पत्तल
सूखी देह की
इस पत्ती की

कहीं मिल जाता
यदि जल

पहुँच जाता
समय रहते
इसके पास

जल यदि टिका रहता
अपनी जगह
थोड़ी देर और

उतरता न जाता
नीचे और नीचे
धरती में

आत्मा सुन लेती
मेरी बात
यदि थोड़ी देर और

प्रार्थना ले आती
कहीं से
मामूली कोई शान्ति

नोचती न मैं यदि
ये हृदय
अपने पंजों से

उछालती न इसे
कभी हवा
कभी समुन्दर में

पहुँच पाती मैं यदि
किनारे तक

लहर के दबोचने
रात घिरने से पहले

मुझे यदि
पता होता
कैसे गुज़ारना है ये दिन

ये दिन तुम्हारे न होने का

हमारे लिए नहीं होगा जल

हमारे लिए नहीं होगा
जल
दूसरे लोकों में

हम नहीं होंगे
किसी की प्रार्थना में

हमारे लिए नहीं होगा
लौटने का
कोई रास्ता
कोई नहीं दिखाएगा हमें
अपना दिया

एक बार की उड़ान बस
और जल जाएँगे
पंख सब

एक बार का चलना बस
और जल जाएँगे
पुल सब

आकाश में फूटतीं
पटाखों की लड़ियाँ

एक कोई नदी
तकती होगी
हमारी राह

उसमें भी नहीं होगा
हमारे लिए
जल

तितली ने कहा

तितली ने कहा
कुल नौ दिन
मैं तुम्हारे पास हूँ
बगीचा यूँ ही रखना

तीसरे दिन
झर जानेवाला था गुलाब

गुड़हल
उसी दिन शाम को

हरसिंगार के पास थे
कुल जमा एक घंटा तीन मिनट

कछ भी नहीं
रहनेवाला था थिर

न ओस, न जल
न आँख, न आँसू

कुल नौ दिन का जीवन उसका
उड़ती फिरती थी वह
जहान भर में

कह गई थी मुझसे
बगीचा यूँ ही रखना

अयोध्या में पुण्य-स्मृति

कोई नहीं जाता
किसी के साथ

सब की अपनी-अपनी डगर

कोई जाता है रसातल
कोई लेने जलसमाधि

प्रेम एक शब्द है
जाने क्यों
वह उससे कहती नहीं

लिखती है
अंगारे पर चलते

अपने पैर के नाख़ून से

सान्त्वना एक शब्द है
ठहरा हुआ अनन्त में

इतना अकेला
एक देवता
कब से धूप में खड़ा है

हर कोई नहीं चीर पाता
अपना सीना

नहीं दिखा पाता
अपना दिल
अपने लहू का रंग

चाहे जितना भी पैर पकड़े
हर कोई नहीं रोक पाता
रास्ता यम का

कोई नहीं जाता
किसी के साथ

सब की अपनी-अपनी डगर

संसार इतना असहनीय क्यों है

बन्दरिया पूछती है
मृत अपने शिशु से

कभी मुंड कभी माला

मैं अपने ईश्वर के हाथ में हूँ
कभी फूल
कभी ज्वाला

कभी मुंड
कभी माला

ऐसे झरना था कोई दुख?
गिरनी थीं पंखुरियाँ?
बननी थी राख?

ऐसे होना था अस्त
एक हृदय?
फिर उगना था
अन्तहीन प्रकाश में?

झुकी हुई थी प्रार्थना में

जाने कब
उठा लिया उसने
बच्चे को
नृत्य करते-करते

अब उसके हाथ में
ऊपर जाती
कभी नीचे आती

कभी फूल
कभी माला

न मैं रुदन में थी
न हिचकी में
न क्षोभ
न थकान में

मिट्टी के खिलौनों में
उड़ती हुई मिट्टी-भर

जाने क्यों उठा लिया
प्रार्थना में जड़ मुझको

छूने दिया
अपने माथे का चाँद

उसी ने मूक किया था
दी उसी ने वाणी

उसके हाथ में हूँ अब

उसके नृत्य
उसकी थाप में

तुम्हारे बादल में कभी

तुम्हारे बादल में कभी
तुम्हारी बिजली में कभी
उड़ती जाती उसकी
नन्ही-सी जान

देखो प्रभु
इसका हौसला

न पानी का ख़ौफ़
न अँधेरे की चिन्ता

न तिनके की चाह
न साथ की परवाह

देखो प्रभु
इसका पंख
कैसा भीगा हुआ
उड़ता

ज़रूर इसे मालूम था
जाल के बारे में

जाल के ऊपर
आकाश के बारे में

ज़रूर इसे मालूम है
बादल के पीछे
सूरज के बारे में

घुमड़ता ज़रूर था
कोई तूफ़ान इसके सीने में

आ नहीं जाता यूँ ही कोई
बाहर के अन्धड़ में

उधर आकाश में नहीं
इधर देखो प्रभु
इस मुनिया के सीने में

छोटा-सा तूफ़ान एक
उड़ता हुआ

देवता हो, चाहे मनुष्य

देवता हो, चाहे मनुष्य
देह मत रखना किसी के चरणों में

देह बड़ी ही बन्धनकारी, वनकन्या!

सुलगने देना
अपनी बत्ती
अपना दावानल

साफ़ होने देना खेत
जल लेने देना
पुराना घास-फूस

अपनी मज्जा
अपनी अग्नि
परीक्षा अपनी

डरना मत किसी से, वनकन्या

धीमे-धीमे बनना लौ
उठती सीधी
रीढ़ में से ऊपर
साफ़
निष्कम्प
नीली लौ

अपनी देह
अपना यज्ञ
अपनी ज्वाला

फिर निकलना दूर
इस यज्ञ से भी

खड़े होना
अकेले कभी
आकाश तले

मात्र एक हृदय

नग्न और देह विहीन

निष्कलुष
पारदर्शी

आसान नहीं होगा यह
बहुत मुश्किल भी नहीं, वनकन्या
रहना बिन देह के

लौटना मत इस बार
किसी कन्दरा
किसी कुटिया में

लौटना यदि किसी दिन
तो लौटना यहीं
इस हृदय में अपने

देह बड़ी ही बन्धनकारी, वनकन्या!

इसे मत रख देना
किसी की देहरी पर

देवता नहीं, कोई मनुष्य

देवता नहीं
कोई मनुष्य ही बनाएगा
तुम्हें मानवी
एक दिन, वनकन्या

कोई मनुष्य ही तोड़ेगा
तुम्हारे सीने में जमी बर्फ़

वही ले जाएगा तुम्हें
तुम्हारे भीतर
बहते सोते के पास

वही धुलवाएगा तुम्हारा मुख
पवित्र किसी जल से

कलकल ध्वनि तुम्हारे रक्त की
कभी धीमी
कभी तेज़

कोई मनुष्य ही सुनवाएगा तुम्हें

ऋतुएँ जागेंगी तुम में
फिर रंग
और राग

चिड़ियों की आवाज़

कोई मनुष्य ही बुझाएगा, वनकन्या
तुम्हारी अनबुझ प्यास

आँखें मूँदे उसके साथ
पकड़ोगी रात का सिरा
और पहुँच जाओगी दिन तक

करोगी पृथ्वी से शुरू
और मिलोगी
पास नक्षत्रों के

देवता नहीं
कोई मनुष्य ही दिखाएगा तुम्हें
पूर्णिमा का चाँद

देवों को नहीं मालूम होता
कैसे जम जाता है लहू
मनुष्यों की आँख में

गढ़ता है कैसा
कालचक्र
सीने में

अनन्त समय के
स्वामियों का रथ
रहता है सदा ऊँचा
अँगुली-भर पृथ्वी से

बचना पड़ता है, वनकन्या
उन्हें मनुष्यों के मैल से

देवता नहीं
देवताओं से बड़ा कोई मनुष्य
आएगा एक दिन तुम्हारे लिए

खेतों में बीज छितराता
कुछ मिट्टी
कुछ चिड़ियों के लिए

वही बनाएगा तुम्हें मानवी

वही उलीचेगा
तुम्हारे हृदय का कीचड़

निकलेगा स्वच्छ जल

वही होगा तुम्हारा देवता, वनकन्या!

लौटना पड़ता है

लौटना पड़ता है
फिर इसी संसार में

उसे देख आओ, तब भी

आना पड़ता है फिर इसी
गँदली यमुना के पास

धोना पड़ता है अपना मैल
जल में
अधजले मुर्दे के पास

उसे देख आओ
तो भी
लौटना पड़ता है
फिर इसी संसार में

जो दिखाता है हमें
सहस्र चन्द्र तेज
वही सुझाता है
यहाँ रखी है कुदाल
यहाँ तसला, यहाँ गठरी

ले जाता है वह हमें
रोशनी नहीं
कीचड़ के पास
अपनी दुर्गन्ध के पास

कुएँ साफ़ करने पड़ते हैं फिर

अलग करने पड़ते हैं बीज
अपने कंकरों से

खोजना पड़ता है
अपनी साँस में से
विष छानने का उपाय

ढूँढ़ना पड़ता है
अपना कोढ़
अपनी देह में

साफ़ करना पड़ता है
अपना ज़ख़्म
एकान्त में

उस से मिल आओ

तब भी

मरहम नहीं थमाता वह
तुम्हारे हाथ में

लौटना पड़ता है तुम्हें
फिर इसी संसार में

ढूँढ़नी पड़ती है
ख़ुद ही
अपने विष की जड़ी-बूटी

कभी-कभी अपना सच

कभी-कभी अपना सच
कह देना चाहिए

धो लेना चाहिए पुराना वस्त्र
धूप में सुखा
रख लेना चाहिए तहाकर

कि जर्जरा जाता है पड़े-पड़े
बन्द रखा वस्त्र
मैल भर जाती है उसकी सल में

चाहे जितना भी विषाक्त हो
कभी-कभी
कह देना चाहिए अपना सच

हो सकता है आपसे
ग़लती हो जाए वर्ण की
या व्याकरण की चूक

हो सकता है
आवाज़ जो निकले आपके मुख से
मनुष्य नहीं
किसी आहत पिल्ले की हो

ऐसा हो सकता है बिलकुल
कि आप
ख़ुद ही घबरा जाएँ
कमज़ोर अपनी ध्वनि से

अनेक ध्वनियाँ हैं इस सृष्टि में
दुख और पीड़ा की
आर्त्तों से ही बना है यह संसार

सोचना चाहिए
कभी-कभी रुककर

कैसी ध्वनि निकलती होगी
घायल शेर के वक्ष से
काँटे लगे
मछली के मुख से

क्या कर रहा होगा
अधमरा तिलचट्टा
जिसे बहाया था फ़्लश में

सुननी चाहिए मद्धिम-सी आवाज़
कभी-कभी रुक कर
फँस तो नहीं गई कोई तितली
गिरगिट के मुँह में

जानी चाहिए आपकी दृष्टि दूर
उस बच्ची तलक

जिसके साथ कछ ग़लत किया
किसी ने
अब वह तक रही है
सामने गुमसुम

पकड़नी चाहिए आपको
उसके धिक्कार की दिशा
वहीं कहीं है उसका मुजरिम

भेड़िए जब पकड़े हुए हों
आपकी टाँग
और आपके कंठ से निकल न पाये
कमज़ोर सी भी चीख़

आप घिर चुके हों चक्रव्यूह से
और पता न चलता हो
आप चुप्पी से बचेंगे
याकि चीख़ से

कोई ध्वनि निकलनी चाहिए
आपके कंठ से
वर्ण से परे

चाहे कितना भी विषाक्त हो
आना चाहिए कहना
दो टूक अपना सच

मैं वहाँ थी, मगर

मैं उसके स्वप्न में नहीं
उससे बाहर थी

स्वप्न की दुनिया में
क्या था
क्या हो रहा था
उसके साथ
मुझे कुछ पता न था

मैं वहाँ थी
मगर बाहर थी
उसकी चौखट पर

बाहर एक दुनिया थी क्रूर
उसके देवता भी क्रूर
माँग रहे थे सब
अपनी-अपनी बलि

मैं वहाँ आ गई थी
डर कर
उसकी शरण में
उसके स्वप्न के बाहर

कुछ पता चलता न था
कहाँ था अँधेरा ज़्यादा
स्वप्न के भीतर
कि स्वप्न के बाहर

बलि की छुरी
कहाँ थी सहनीय ज़्यादा
स्वप्न के भीतर
कि स्वप्न के बाहर

धरती में जड़े थे
हमारे पैर
माथा हवा में
आँखें मुड़ चुकी थीं भीतर

देवता उड़ रहे थे
ऐन सिर के ऊपर

कहीं एक छुरी थी
जो चल रही थी लगातार
कभी धीमी, कभी झटके से
पत्थर, कभी गरदन पर

मैं किसी चौखट पर थी
न वह खुलती थी भीतर
न बाहर

बलि माँगता एक शोर था
हवा में

देवता लगे थे मेरे पीछे
कि मनुष्य

यह कोई स्वप्न नहीं
असहनीय था यह
स्वप्न से भी ज़्यादा

मैं वहाँ थी
मगर
स्वप्न से बाहर थी

एक गऊ मेरे भीतर है

एक गऊ मेरे भीतर है
जिसे कटने का डर है

इस गऊ से अलग
जिसे खिलाया जा रहा है चारा
खींची जा रही है
जिसके साथ फ़ोटो

उस गऊ से भी अलग
जिसका किया था
मैंने तिलक
खिलाया था गुड़
पूजा में

जिसके पैरों के नीचे से
रेंग कर
पार की थी उस दिन
मैंने और मृतक ने
वैतरणी

जो गऊ मेरे भीतर
आ छिपी है
भागकर
जिसे
कटने का डर है
बचने का डर

लगे हैं जिसके पीछे
हत्यारे
और बचानेवाले
दोनों
यह नहीं
जिसकी फ़ोटो छपी है

उसके थन
अभी भारी थे
बच्चे के दूध से
भाग नहीं पा रही थी
ठीक से

रफ़्तार बहुत कम थी
डर बहुत ज़्यादा
बच सकने के लिए

तिस पर
आधी रात कोई
चुरा ले गया था
उसका बछड़ा

साँड़ उसका पहले ही
भगा दिया गया था
आवारा
अँधेरे में लगाई उसने
छलाँग
बदहवास

न उसे मालूम
न मुझे
किसी पिछवाड़े में नहीं
कूद बैठी है यह
उनींदी एक स्त्री के दिल में

उन्मत्त कर दिया है इस गऊ ने
बचानेवालों
काटनेवालों को
अपने डर से

अब हर हाथ में छुरी
हर हाथ में ज़ोर

ज़रा-सी आँख लगते ही
चाटती है मेरा मुख

सूँघती है अपना दूध
जो मैंने बचपन में पिया

मैं नहीं इसका बच्चा
न इसे बचानेवाली
न मारनेवाली

यह सिर्फ़ एक संयोग था
अँधेरे में हुई गफ़लत

कूद बैठी यह गऊ
मेरे भीतर

अब हम दोनों को
कटने का डर है
बचने का डर है

इस तरह खोलते हैं लंगर

इस तरह आप खोलते हैं लंगर
हवा में एकटक ताकते हुए
लहर को धकेलते हुए भीतर
पीड़ा ने डुबो रखा था आपको
गरदन से पकड़कर

एक साँस और
बस एक साँस

एक झोंका और
थोड़ी-सी हवा बस

आप खोलते हैं लंगर
जैसे काटते हों कोई टाँका
किसी घाव का

अब वहाँ सूखी गड़न है केवल
स्मृति किसी चोट की

अब सब गड़बड़ है
स्मृति भी
चोटों का हिसाब भी
कहीं जाना न था
कहीं आना न था

यहीं रुकना चाहते थे
सदा के लिए
गाड़ना चाहते थे
अपना खूँटा
जैसे कोई चट्टान हों आप
या कोई पत्थर

इतने भारी
इतने थिर होना चाहते थे
कि कोई

•

हिला न सके आपको
कर न सके विस्थापित

कितनी मौतें लिये अपने भीतर
घूमते रहे बेकार
भारी मशक लेकर

आप खोलते हैं अपने लंगर
और कोई नहीं रोकता
आपकी राह
कोई नहीं पुकारता
किनारे से

कोई यह तक नहीं देखता
कि आप उठ गए हैं
सभा से

कि ख़ाली होने से पहले ही
भर गई है आपकी जगह

पानी पर लिखी थीं
आपने इबारतें
सन्नाटे में सुनी थीं
अपनी प्रार्थनाएँ

आपको पता भी नहीं चला
हवा ले गई
धीरे-धीरे
चुराकर आपके अंग

कि अब आप ही हैं धूल
अपनी आँखों की

छाया की तरह
गुज़रते हैं आप
इस पृथ्वी पर से
इस दिन पर से
इस क्षण पर से

काश कोई ग्रहण ही हुए होते आप
बने होते
हवा और रश्मि के

कहीं रह जाता कोई निशान